Senja Riekkinen-Gebbert
Yksi, kaksi, kolme

Hempen Verlag

Senja Riekkinen-Gebbert

Yksi, kaksi, kolme

Finnisch für Deutschsprachige

HEMPEN VERLAG
BREMEN 2003

Illustrationen: Virpi Törmänen, Freiburg

Der 1. Teil des Finnisch-Lehrwerks »Yksi, kaksi, kolme«
entspricht den Niveaus A1 (Lekt. 1-9) und A2 (Lekt. 10-12) des
Gemeinsamen Europäischen Referenzrahmens

Hinweise und Anmerkungen, für die Autorin und Verlag
jederzeit dankbar sind, bitten wir zu richten an:
Dr. Ute Hempen Verlag, Clausewitzstr. 12, 28211 Bremen
www.hempen-verlag.de

Besuchen Sie die Autorin im Internet unter: http://www.finnischbuecher.de

Bibliografische Information Der Deutschen Bibliothek
Die Deutsche Bibliothek verzeichnet diese Publikation in der Deutschen Nationalbibliografie;
detaillierte bibliografische Daten sind im Internet über http://dnb.ddb.de abrufbar.

ISBN: 3-934106-23-4

2., überarbeitete Auflage

Inhalt

Inhalt

Grammatik: weitere Anwendungsmöglichkeiten der Lokalfälle (16)
Verben und die Lokalfälle (16)
Personalpronomina; Demonstrativpronomina (23)
III. Infinitiv (22); Verbalsubstantiv (21)
das Verb »täytyy« (13.2.c.)
»Womit?« (16.2.1)
haben-Konstruktion (20)
Befehlsform in Einzahl (10.4.)
Essiv (17)
Kongruenz (19.6.)
Landeskunde: Handy statt Postkarte

Themen: sich grüßen; über Speisen und Getränke sprechen
Anzahl angeben
erzählen, was man nicht hat oder macht und entsprechende
Fragen stellen; erzählen, wen oder was man liebt, auf wen oder
worauf man wartet und wem man hilft und ensprechende Fragen
stellen; Hilfe anbieten und sich dafür bedanken
Preise erfragen und angeben
Grammatik: Partitiv (14; 14.1.)
Anwendung des Partitivs (14.2.)
Anzahl (25.3.)
Zahlwörter (25)
Preise (25.4.)
Landeskunde: Das Jedermannsrecht und die Privatsphäre

Themen: Alltagssituationen in Dialogen und Übungen
Grammatik: Wiederholung
Objekt (19)
Landeskunde: *sisu* – die Urkraft der Finnen

Feiertage, Wetter, Datum

Inhalt

Vorwort

*Hän on ammatiltaan lääkäri ja hän on työssä
terveyskeskuksessa Haapaniemenkadulla.*

Das heißt auf Deutsch: »Er ist von Beruf Arzt und arbeitet im Gesund-
heitszentrum in der Haapaniemistraße«.
Sie werden den oben genannten Satz schon nach kurzer Zeit verstehen
und selbst einen entsprechenden bilden können!

In meinem Unterricht an der Hamburger Volkshochschule haben schon
viele Teilnehmer Finnisch gelernt und sich mit Hilfe der Sprache Finn-
land, die Finnen und die finnische Mentalität erschlossen. Ich habe
dabei im Laufe der Jahre die Lernprobleme speziell der deutschspra-
chigen Teilnehmer wahrgenommen und konnte mich auf ihre Fragen
einstellen. Aus diesen Erfahrungen heraus entstand das vorliegende
Lehrwerk, das in mehreren Anfängerkursen ausgearbeitet und erprobt
wurde.

Wenn Sie erst einmal mit dem Finnischen angefangen haben, werden
Sie rasch die Struktur dieser sehr interessanten Sprache erkennen.
Die Grundformen und Endungen sind wie Bausteine, aus denen sich
die Sätze zusammensetzen lassen. Schnell werden Sie erste Erfolge
erzielen. Sprechen Sie die Sprache, wo immer Sie die Möglichkeit dazu
haben. Jeder Finne wird sich darüber freuen.

Frau Heidi Staschen von der Hamburger Volkshochschule möchte ich
für ihre Anregungen und die pädagogische Begleitung ganz herzlich
danken. Ferner danke ich Frau Merja Sorsakivi aus Berlin, die das
Material in ihren Anfängerkursen erprobt und mir viele wertvolle Tipps
gegeben hat.

Allen Teilnehmern, die bereits mit den Texten gearbeitet und mir mit
ihren Hinweisen und Fragen bei der Ausarbeitung des Lehrwerks sehr
geholfen haben, gilt mein besonderer Dank.
Eine Audio-CD mit den Texten der Dialoge und ein Schlüssel mit den
Lösungen zu den Übungen erscheinen parallel. Eine Fortsetzung dieses
Bandes ist in Vorbereitung.
Und jetzt viel Spaß beim Lernen!

Senja Riekkinen-Gebbert

Zu dem Buch

Die in diesem Buch benutzte Sprache ist die so genannte »allgemeine Umgangssprache«, eine einfachere Form der Schriftsprache. Sie kann überall in Finnland und in allen Kommunikationssituationen angewendet werden. Im Gegensatz zur freien Umgangssprache ist sie weitgehend frei von sozialen und regionalen Merkmalen. Allerdings gehören zwei sprachliche Aspekte der freien Umgangssprache meiner Meinung nach heute schon mehr oder weniger zur allgemeinen Umgangssprache, weshalb ich sie in diesem Buch eingeführt habe:
Erstens die weit verbreitete Form der 1. Person Mehrzahl (z. B. *me ollaan* statt *me olemme* oder *me tavataan* statt *me tapaamme*). Diese Form wird heute überall in Finnland, im Fernsehen und Radio und in öffentlichen Gesprächssituationen, häufig verwendet.
Zweitens habe ich die Possessivsuffixe weggelassen. Sie werden in der gesprochenen Sprache außer bei einigen festen Redewendungen, z. B. *ammatiltani, mielellään,* meist nicht benutzt.
Um einen Einblick in die freie Umgangssprache zu vermitteln, sind in den Randbemerkungen der Lektionen weitere Beispiele genannt.

An wen richtet sich das Lehrwerk?
Das Lehrwerk ist speziell für den Anfängerunterricht an Volkshochschulen konzipiert. Es kann in zwei Semestern mit je 28 Unterrichtsstunden durchgearbeitet werden.
Das Material eignet sich auch für Wiedereinsteiger, die ihre Grundkenntnisse auffrischen wollen, oder für Lernende, die sich die Grundlagen schnell aneignen möchten, um an einem weiterführenden Kurs teilzunehmen. Das Material ist auch zum Selbststudium geeignet.

Konzeption
Das Buch ist gemäß dem Konzept »Lernen durch Entdecken« aufgebaut und möchte den Lernenden rasch zum aktiven Sprechen führen. Aus diesem Grund besteht das Buch aus Dialogen, die Alltagssituationen darstellen und somit dem Lernenden eine Vielzahl von kommunikativen Sprachelementen anbieten.
Damit von Anfang an kommunikativer Unterricht möglich ist, können die ersten drei Lektionen situationsbezogen gelernt werden, ohne die Sprachstrukturen genauer zu erläutern. In den weiteren Lektionen werden dann systematisch grundlegende Sprachelemente der finnischen Sprache eingeführt, die der Lernende nach Art eines Baukastensystems zusammenstellen kann. Bei dieser Vorgehensweise ist es möglich, die Sprachstruktur kennen zu lernen, ohne die verschiedenen Formen auswendig lernen zu müssen. Darüber hinaus ist der Lernende in der Lage, bei neuen Wörtern Formen selbst zu bilden oder Wörter zu erkennen, die er hört oder liest.

Da die finnischen Vokabeln meist keinerlei Assoziationsmöglichkeiten bieten, anhand derer man sich die Bedeutung merken kann, ist es bei dieser Sprache besonders wichtig, sich die Vokabeln durch ständige Wiederholung anzueignen. Das gleiche gilt für grammatikalische Strukturen.

Ferner ist das eigene Entdecken der Sprache und ihrer Strukturen hilfreich. Man kann sich dadurch vieles leichter merken und wird hinsichtlich der Änderungen am Wortstamm sensibilisiert.

Aufbau des Buches

Das Buch besteht aus 12 Lektionen.
Die Lektionen 1-11 bestehen jeweils aus vier Teilen:
A. Dialoge, B. Übungen, C. Landeskunde und D. Vokabeln.
Lektion 12 ist eine Wiederholungslektion mit unterschiedlichen Übungen sowie einem landeskundlichen Text.

A. Dialoge
Die Dialoge sind in mehrere Teilabschnitte unterteilt, aus deren Überschriften sich entnehmen lässt, welche Sprachstruktur im jeweiligen Abschnitt behandelt wird. Dadurch lässt sich eine Lektion leicht aufteilen, was besonders in den Lektionen 7-11 sinnvoll ist, die relativ umfangreich sind.

B. Übungen
In den Übungen wird der in den Dialogen gelernte Stoff aufgegriffen und vertieft. Die meisten Übungen sind für Partner- oder Gruppenarbeit geeignet. Selbst die Übungen, bei denen Formen vervollständigt werden sollen, bieten sich für Partnerarbeit an, weil die Teilnehmer sich dann gegenseitig helfen können. Die Lektionen 7 und 8 enthalten zusätzliche Aufgaben zur Wiederholung des bis dahin Gelernten. Sie können in den Unterricht einbezogen werden oder z.B. als Ferienaufgaben dienen.

C. Landeskunde
Zu den einzelnen Lektionen gibt es **landeskundliche Texte** in deutscher Sprache, die den Lernenden einen Einblick in die finnische Lebensweise und typisch finnische Eigenheiten geben sollen.

D. Die Vokabeln am Ende der Lektionen stehen in der Reihenfolge ihres Auftretens. Bei den ersten drei Lektionen erscheinen die Formen so, wie sie im Text vorkommen. Ab Lektion 4 sind bei den Nomina die drei Grundformen der Einzahl: Nominativ, Genitiv und Partitiv angegeben, wobei der Genitiv erst in Lektion 7, der Partitiv in Lektion 11 eingeführt werden. Bei den Verben sind jeweils die Grundform und die

1. Person Einzahl sowie der Verbtyp genannt.

Am Ende des Buches erscheinen alle Vokabeln alphabetisch geordnet. Die Lektion, in der das Wort erstmals vorkommt, ist in Klammern angegeben. Dort sind auch die Vokabeln angeführt, die im Grammatikteil bzw. im Anhang verwendet werden.

Die Grammatik

Die Grammatik ist bewusst von den Lektionen getrennt. Entsprechend dem Lernkonzept dieses Lehrwerks sollen zuerst die Lektionen intensiv durchgearbeitet werden. Dazu gehört das Lesen der Dialoge, eventuell das Entdecken neuer Formen anhand einer Übung, Übungen zum Einprägen des neuen Stoffes sowie Kommunikationsübungen. Erst dann sollte die Grammatik besprochen werden, soweit es notwendig ist. Die entsprechenden Stellen im Grammatikteil sind über das Inhaltsverzeichnis zu finden. Dort ist das, was entdeckt und geübt wurde, detailliert dargestellt.

Nicht notwendig ist es, alle Grammatikpunkte eingehend zu behandeln, z.B. das Verbalsubstantiv, den III. Infinitiv oder die Befehlsform, die in diesem Buch nur in einigen Beispielen vorkommen.

Anhang

Wetter und **Datum** sollten/können von Anfang an mit in den Unterricht einbezogen werden, durch Fragen wie: *Millainen ilma tänään on?* und *Monesko päivä tänään on?* Sie erlernen dadurch ganz nebenbei die Monatsnamen und lernen, sich über das Wetter zu äußern. Im Anhang finden Sie auch Texte zu einigen **Feiertagen**: Weihnachten, Ostern, 1. Mai, Mittsommer und zum Unabhängigkeitstag.

Übersichten

Bei den **Übersichten** finden Sie eine Tabelle der Konsonantenveränderungen sowie eine Aufstellung der Verben und Fragewörter mit Beispielen, ferner eine Liste mit Erläuterungen der grammatikalischen Ausdrücke.

Ensimmäinen kappale
Erste Lektion

A. Esittäytyminen Sich vorstellen

1. Minä olen ... Ich bin ...

> Minä olen Senja. Minä olen suomalainen. Minä asun nyt Hampurissa. Olen ammatiltani opettaja. Minä puhun saksaa ja suomea.

2. Kuka sinä olet? Wer bist du?

Statt der persönlichen Fürwörter *minä* und *sinä* kommen in der freien Umgangssprache oft *mä* und *sä* vor, *olen* oder *olet* werden zu *oon* und *oot*: *mä oon* und *sä oot*. Vor allem junge Leute benutzen diese verkürzten Formen, die auch in Liedern und Gedichten auftauchen.

– Kuka sinä olet?   – Minä olen Gisela.
– Minkämaalainen sinä olet?   – Olen saksalainen.
– Missä sinä asut?   – Asun Hampurissa.
– Mitä kieliä sinä puhut?   – Puhun saksaa ja vähän ranskaa.
– Mikä olet ammatiltasi?   – Olen sairaanhoitaja.

Oder: *Olen ammatiltani sairaanhoitaja.*

Nimeni on oder umgangs-
sprachlich *minun nimi on*
... wörtlich:
»Mein Name ist ...«

Minä und *sinä* können in
Verbindung mit einem Verb
auch wegfallen.

3. Minun nimi on ... Ich heiße ...

– Entä kuka sinä olet?
– Minkämaalainen sinä olet?
– Missä sinä asut?
– Mikä olet ammatiltasi?

– Se on suomeksi myyjä.
– Mitä kieliä sinä puhut?

– Nimeni on Gunda Peterson.
– Olen ruotsalainen.
– Asun nyt Pinnebergissä.
– Verkäuferin – mitä *Verkäuferin* on
  suomeksi?
– Olen siis myyjä.
– Puhun ruotsia, saksaa ja englantia.

Kuka sinä olet?
Minkämaalainen sinä olet?
Missä asut?
Mitä kieliä sinä puhut?
Mikä olet ammatiltasi?

Minä olen Jane.
Olen englantilainen.
Asun Lontoossa. Olen
opettaja ja puhun englantia
ja ranskaa.

Minä olen Jeanette. Olen
ammatiltani lääkäri. Minä asun
Pariisissa. Olen ranskalainen.
Puhun ranskaa, saksaa,
englantia ja espanjaa.

B. Harjoituksia Übungen

1. Täydennä Vervollständigen Sie:

a. .... sinä olet?   Minä .... Leena.

b. .... asut?   Minä .... Oulussa.

c. .... olet?   .... suomalainen.

d. .... olet ammatiltasi?   Olen .... sairaanhoitaja.

e. .... kieliä sinä puhut?   .... suomea, saksaa ja englantia.

2. Entä sinä? Kuka sinä olet? Und du? Wer bist du?

a. Minä olen ....

b. Minä asun ....

c. Olen ....

d. Olen ammatiltani ....

e. Puhun .... ja ....

3. Muodostakaa pieniä ryhmiä ja harjoitelkaa esittäytymistä ensin oikeasti, sitten roolileikkinä. Käyttäkää eri ammatteja, kieliä ja kansallisuuksia: Bilden Sie kleine Gruppen und üben Sie, sich vorzustellen, zuerst richtig, dann als Rollenspiel. Benutzen Sie dabei die verschiedenen Berufe, Sprachen und Nationalitäten, die Sie bereits kennen:

Minä olen ...

4. Mitä *Banane* on suomeksi? Etsi saksalaisten sanojen ja ilmaisujen suomalaiset vastikkeet:

Wie heißt *Banane* auf Finnisch? Ordnen Sie dem deutschen Begriff jeweils die finnische Entsprechung zu:

z. B.: Banane   banaani

a. Banane
b. Hotel
c. eins, zwei, drei
d. Ich bin Finnin.
e. Bus
f. Karte
g. Theater
h. Ich wohne in Hamburg.
i. Ich spreche finnisch.
j. Sauna
k. Ich wohne im Hotel.
l. Wo ist die Post?
m. Wer bist du?
n. Wo wohnst du?
o. Ich bin aus Kuopio.
p. danke
q. Die Bank ist an der Esplanade.
r. »Prost« heißt auf Finnisch »kippis«.
s. Guten Tag!
t. nein
u. Apotheke

1. Minä olen suomalainen.
2. Minä puhun suomea.
3. teatteri
4. apteekki
5. Minä asun hotellissa.
6. Minä asun Hampurissa.
7. Kuka sinä olet?
8. Missä posti on?
9. hotelli
10. yksi, kaksi, kolme ...
11. kartta
12. Missä sinä asut?
13. sauna
14. bussi
15. Hyvää päivää!
16. ei
17. Minä olen Kuopiosta.
18. kiitos
19. Pankki on Esplanadilla.
20. »Prost« on suomeksi »kippis«.
21. banaani

Lerntipp

Schreiben Sie Vokabeln und Redewendungen auf Karteikarten oder in ein Heft und schauen Sie sie so oft wie möglich an. Sinnvoll ist es, themenbezogen Gruppen zu bilden, z.B. Vorstellung, Begrüßung, kleine Wörter, Orts- und Zeitbestimmungen, Wetter.

C. Landeskunde

»Du« oder »Sie«?

In Finnland ist das Duzen weitaus üblicher als in Deutschland. Für gewöhnlich duzen sich Gleichaltrige, auch wenn sie sich zum ersten Mal begegnen. Bei der Arbeit ist das Duzen ebenfalls üblich. Ältere Personen, zumal wenn sie fremd sind, werden dagegen meist gesiezt. In den 80er und 90er Jahren hatte sich das Duzen sehr weit ausgebreitet. So war es auch in Geschäften üblich, die Kunden mit *sinä* anzusprechen, und das Personal trug Namensschilder, auf denen nur der Vorname stand. Inzwischen ist das Siezen jedoch wieder auf dem Vormarsch. In Geschäften, Hotels und allgemein im öffentlichen Leben ist es mittlerweile wieder verbreitet, fremde Personen mit *Te* anzusprechen.

Da man sich in Sprachkursen meistens duzt, wird die Du-Form auch in diesem Buch zuerst gelernt. Die Höflichkeitsform *Te* kommt in der 5. Lektion.

D. Sanasto Vokabeln

esittäytyminen	das Sichvorstellen	vähän	ein wenig, etwas
minä	ich	ranskaa	Französisch
olen	ich bin	mikä	was, welcher
suomalainen	finnisch, Finne, -in	ammatiltasi	von (deinem) Beruf
asun	ich wohne	olet ammatiltasi	du bist von Beruf
nyt	jetzt	sairaanhoitaja	Krankenschwester, -pfleger
Hampurissa	in Hamburg	nimeni on	ich heiße, *wörtl.:* mein
ammatiltani	von (meinem) Beruf	(= minun nimi on)	Name ist
olen ammatiltani	ich bin von Beruf	entä	und (bei Fragen)
opettaja	Lehrer, -in	ruotsalainen	schwedisch, Schwede, -in
puhun	ich spreche	Pinnebergissä	in Pinneberg
saksaa	Deutsch	mitä	was
ja	und	on	ist
suomea	Finnisch	suomeksi	auf Finnisch
kuka	wer	se	es, der, die, das
sinä	du	myyjä	Verkäufer, -in
olet	du bist	siis	also
minkämaalainen	welche Nationalität,	englantia	Englisch
	aus welchem Land	Volksdorfissa	in Volksdorf
saksalainen	deutsch, Deutsche/r		(Stadtteil von Hamburg)
missä	wo	virkailija	Angestellte/r
asut	du wohnst	ruotsia	Schwedisch
mitä kieliä	welche Sprachen	Tukholmassa	in Stockholm
puhut	du sprichst	Kuopiossa	in Kuopio

ohjelmoija	Programmierer, -in	yksi	eins
englantilainen	englisch, Engländer, -in	kaksi	zwei
Lontoossa	in London	kolme	drei
lääkäri	Arzt, Ärztin	kartta	Landkarte
Pariisissa	in Paris	sauna	Sauna
ranskalainen	französisch, Franzose, Französin	bussi	Bus
		hyvää päivää	guten Tag
espanjaa	Spanisch	ei	nein
Oulussa	in Oulu	Kuopiosta	aus Kuopio
teatteri	Theater	kiitos	danke
apteekki	Apotheke	pankki	Bank (Geldinstitut)
hotellissa	im Hotel	Esplanadilla	an der Esplanade
posti	Post	kippis	prost
hotelli	Hotel	banaani	Banane

Toinen kappale
Zweite Lektion

A. Tervehdyksiä ja sanontoja Grußformeln und Redewendungen

1. Tervehtiminen Sich grüßen

Wörtlich: »Was gibt es zu hören?«

2. Mitä kuuluu? Wie geht's?

– Terve Senja! Mitä kuuluu?
Hallo Senja, wie geht's?

Terve, ei mitään
erikoista! Entä sinulle?
Hallo, es gibt nichts Besonderes.
Und wie geht es dir?

– Oikein hyvää kiitos!
Danke, sehr gut!

Die umgangssprachlichen Grußformeln *terve* und *hei* können sowohl zu Beginn als auch am Ende einer Begegnung benutzt werden. Wenn man sich verabschiedet, sagt man oft *hei hei*.
Moi ist ein weiterer umgangssprachlicher Gruß, den vor allem junge Leute verwenden.

– Hei, mitä kuuluu?   Hallo, wie geht's?
– Kiitos hyvää, entä itsellesi?   Danke gut, und selbst?
– Ihan hyvää kiitos.   Danke, ganz gut!

3. Saanko esitellä? Darf ich vorstellen?

– Saanko esitellä, tässä on Pia!   – Hauska tutustua. Minä olen Pekka.
Darf ich vorstellen, dies ist Pia!   Nett, dich kennen zu lernen. Ich bin Pekka.

– Saanko esitellä, tässä on   Darf ich vorstellen, das ist Riitta Korhonen.
Riitta Korhonen!

– Hauska tutustua.   Nett, Sie kennen zu lernen.
Minä olen Gudrun Stein.   Ich bin Gudrun Stein.

4. Anteeksi mitä? Wie bitte?

– Olen ammatiltani opettaja.	Ich bin Lehrerin von Beruf.
– Anteeksi mitä?	Wie bitte?
– *Olen ammatiltani opettaja.*	*Olen ammatiltani opettaja.*
Se on saksaksi *Ich bin Lehrerin von Beruf.*	Das heißt auf Deutsch: *Ich bin Lehrerin von Beruf.*
– Ahaa. Kiitos.	Aha. Danke.
– Ei kestä.	Keine Ursache.

5. Mitä *Optiker* on suomeksi? Was heißt *Optiker* auf Finnisch?

– Mitä *Optiker* on suomeksi?	Was heißt *Optiker* auf Finnisch?
– Se on suomeksi *optikko*.	Das heißt auf Finnisch *optikko*.
– Kiitos.	Danke!
– Ei kestä.	Keine Ursache.

6. Anteeksi Entschuldigung

– Anteeksi, että olen myöhässä!	Entschuldigung, dass ich zu spät komme!
– Ei se mitään!	Das macht nichts!

7. Nähdään ensi viikolla Bis nächste Woche!

– Hei hei. Nähdään ensi viikolla!	Tschüss! Bis nächste Woche!
– Hei hei!	Tschüss!

Toinen kappale

B. Harjoituksia Übungen

1. Kulkekaa luokassa ja puhukaa toistenne kanssa. Gehen Sie im Raum umher und sprechen Sie miteinander. (Versuchen Sie dabei möglichst alle Wörter zu benutzen, die Sie bislang gelernt haben.)

2. Täydennä Vervollständigen Sie!

a. Mitä kuuluu?

.... ! .... ?

b. Saanko esitellä? .... !

....

c. Anteeksi, ...

....

3. Mitä on suomeksi ... ? Was heißt ... auf Finnisch?

Guten Morgen!	....
Wie geht's?	....
Danke gut!	....
Danke!	....
Keine Ursache!	....
Wir sehen uns nächste Woche!	....
Entschuldigung!	....
Das macht nichts!	....
Nett, dich kennen zu lernen!	....
Was heißt das auf Deutsch?	....
Gute Nacht!	....
Wie bitte?	....
Und wie geht's dir?	

Lerntipp

Begrüßen Sie die anderen Kursteilnehmer auf Finnisch und probieren Sie immer wieder Redewendungen aus!

C. Landeskunde

In Finnland ist das Händeschütteln nicht so verbreitet wie in Deutschland. In der Familie gibt man sich nur z.B. nach längerer Abwesenheit eines Familienmitgliedes oder zum Gratulieren die Hand. Auch unter Nachbarn und Verwandten sagt man oft nur *Hyvää päivää* »Guten Tag«, ohne sich die Hand zu geben. Bei offiziellen Anlässen, wie Einladungen, Empfängen usw. ist das Händeschütteln bei der Begrüßung oder Verabschiedung dagegen üblich.

D. Sanasto Vokabeln

tervehdyksiä	Grußformeln	ihan hyvää kiitos	ganz gut, danke
sanontoja	Redewendungen	Saanko esitellä?	Darf ich vorstellen?
tervehtiminen	das Begrüßen	tässä on	das ist, hier ist
(hyvää) päivää	guten Tag	Hauska tutustua!	Nett, dich/Sie kennen zu
(hyvää) huomenta	guten Morgen		lernen!
Huomenta huomenta!	Morgen!	Anteeksi mitä?	Wie bitte?
hyvää yötä	gute Nacht	saksaksi	auf Deutsch
Nuku hyvin!	Schlaf gut!	ahaa	aha, ach so
(hyvää) iltaa	guten Abend	ei kestä	keine Ursache
hei/hei hei	hallo, grüß dich, tschüss	optikko	Optiker
terve	hallo, grüß dich, tschüss	anteeksi	Entschuldigung
Mitä kuuluu?	Wie geht's? *wörtl.:* Was gibt es zu hören?	että	dass
		myöhässä	zu spät
ei mitään erikoista.	es gibt nichts Besonderes	Anteeksi, että olen myöhässä.	Entschuldigung, dass ich zu spät komme.
Entä (mitä) sinulle (kuuluu)?	Und (wie geht's) dir?	Ei se mitään.	Das macht nichts.
oikein hyvää kiitos	sehr gut, danke	Nähdään ensi viikolla.	Bis nächste Woche, *wörtl.:* Wir sehen uns nächste Woche.
kiitos hyvää	danke, gut		
itsellesi	dir selbst		

Kolmas kappale
Dritte Lektion

A. Kuka tässä on? Wer ist das?

1. Saanko esitellä? Darf ich vorstellen?

- Saanko esitellä?
  Tässä on Peter. Hän on saksalainen.
  Peter asuu Hampurissa.
  Hän on ammatiltaan insinööri.
  Hän puhuu saksaa ja englantia.
  Nyt hän haluaa oppia suomea.

2. Tässä on Leena. Dies ist Leena.

Da es im Finnischen kein grammatisches Geschlecht gibt, heißt *hän* sowohl »er« als auch »sie«. In der freien Umgangssprache wird statt *hän* auch oft *se* »es« verwendet, was jedoch Sachen und Tieren vorbehalten sein sollte.

- Tässä on Leena. Hän on suomalainen.
  Hän asuu Hampurissa. Hän puhuu
  suomea, saksaa ja englantia.
  Hän on opettaja.

- Tässä on Risto. Hän on myös
  suomalainen. Hän asuu Kuopiossa.
  Hän puhuu suomea ja ruotsia.
  Hän on ammatiltaan myyjä.

- Tämä mies on Jürgen. Hän on
  saksalainen. Hän asuu Bonnissa.
  Hän puhuu saksaa ja englantia.
  Hän on ammatiltaan poliisi.

3. Kuka tässä on? Wer ist das? (wörtlich: Wer ist hier?)

Kuka tässä on?
Minkämaalainen Tiina on?
Missä Tiina asuu?
Mitä kieliä Tiina puhuu?
Mikä Tiina on ammatiltaan?

Hän on Tiina.
Hän on suomalainen.
Hän asuu Helsingissä.
Hän puhuu suomea ja ruotsia.
Hän on virkailija.

4. Entä kuka tuo mies on? Und wer ist jener Mann?

– Entä kuka tuo mies on?
– Minkämaalainen hän on?
– Mikä hän on ammatiltaan?
– Mitä kieliä hän puhuu?

– Missä hän asuu?

– Hän on Manfred Schulze.
– Hän on saksalainen.
– Hän on lääkäri.
– Hän puhuu englantia, saksaa,
  ranskaa ja ruotsia.
– Hän asuu Münchenissä.

5. Tässä ovat Pekan henkilötiedot Hier sind die Personalien von Pekka

Nimi: Pekka Halonen
Asuinpaikka: Tampere
Kansallisuus: suomalainen
Ammatti: ohjelmoija
Kielet: suomi, saksa ja englanti

Tässä on siis Pekka Halonen. Hän asuu
Tampereella. Pekka on suomalainen.
Hän on ammatiltaan ohjelmoija.
Hän puhuu suomea, saksaa ja englantia.

B. Harjoituksia Übungen

1. Esitelkää nämä henkilöt Stellen Sie diese Personen vor, indem Sie aus jedem der vier Bereiche einen Begriff auswählen. Bei einigen müssen Sie dabei die fehlende Endung ergänzen:

Jaana

Peter

Annika

Pekka

ammatteja Berufe
automekaanikko
ohjelmoija
opas
poliisi
insinööri
opettaja
virkailija
lääkäri

Jürgen

Senja

Per

Jeanette

kaupunkeja Städte	kansallisuuksia Nationalitäten	kieliä Sprachen
Hampurissa	suomalainen	suomea
Kuopio..................	ruotsalainen	saksaa
Lontoo..................	saksa...................	englanti.........
Tukholma.............	englanti..............	norja.............
Oslo......................	tanska................	tanska...........
Esbjerg................	ranska................	ranska...........
Pariisi..................	norja..................	espanja..........
Tampere..............*	espanja..............	ruotsi.............

*Tampere ist eine Stadt in Finnland: *Tampereella* »in Tampere«

Esimerkki: Beispiel:

Kuka tässä on?
Hän on Jane.
Hän on englantilainen.
Jane asuu Lontoossa.
Hän on ammatiltaan opettaja.
Hän puhuu englantia ja ranskaa.

Hän on ...

Wer ist dies?
Das ist Jane.
Sie ist Engländerin.
Jane wohnt in London.
Sie ist von Beruf Lehrerin.
Sie spricht Englisch und Französisch.

Lerntipp

Monesko päivä tänään on? – Millainen ilma tänään on?
Welches Datum haben wir heute? – Wie ist das Wetter heute?

Im Anhang finden Sie die nötigen Vokabeln, um sich jederzeit Fragen dazu zu stellen und zu beantworten!

C. Landeskunde

Auf einen Mitteleuropäer wirken die Finnen schweigsam und reserviert, zumindest solange man sie nicht richtig kennt. Als Besucher sollte man sich also nicht irritieren lassen, wenn nicht viel gesprochen wird. Die Gastgeber freuen sich trotzdem über den Besuch. Sonst hätten sie Sie nicht eingeladen. Eine weitverbreitete Sitte ist es, bei einem Besuch zu Hause die Schuhe im Flur auszuziehen. Und oft werden die Blumen eingepackt überreicht!

Viele Finnen sind zwar ruhig und Fremden gegenüber reserviert, hilfsbereit sind sie aber immer. Wenn einer nicht selbst helfen kann, ruft er mit seinem *kännykkä* »Handy« jemanden an und leitet den Wunsch weiter.

D. Sanasto Vokabeln

hän	er/sie	kansallisuus	Nationalität,
asuu	er/sie wohnt		Staatsangehörigkeit
ammatiltaan	von (seinem/ihrem) Beruf	ammatti	Beruf
hän on ammatiltaan	er/sie ist von Beruf	kielet	die Sprachen
insinööri	Ingenieur	suomi, suomea	Finnisch
puhuu	er/sie spricht	saksa, saksaa	Deutsch
haluaa	er/sie will	englanti, englantia	Englisch
oppia	lernen	Tampereella	in Tampere
myös	auch	automekaanikko	Automechaniker, -in
tämä	dieser, diese, dieses	opas	Fremdenführer, -in
mies	Mann	tanskalainen	dänisch, Däne, -in
Bonnissa	in Bonn	norjalainen	norwegisch, Norweger, -in
poliisi	Polizist, -in; Polizei	espanjalainen	spanisch, Spanier, -in
Helsingissä	in Helsinki	norja, norjaa	Norwegisch
tuo	jener, jene, jenes	tanska, tanskaa	Dänisch
Münchenissä	in München	ranska, ranskaa	Französisch
ovat	sind	espanja, espanjaa	Spanisch
Pekan	Pekkas, von Pekka	ruotsi, ruotsia	Schwedisch
henkilötiedot	Personalien		
nimi	Name		
asuinpaikka	Wohnort		

Neljäs kappale
Vierte Lektion

A. Dialogeja Dialoge

1. Oletko sinä Ursula? Bist du Ursula?

– Oletko sinä Ursula?
– Oletko saksalainen?
– Asutko sinä Hampurissa?

– Puhutko sinä suomea?

– Oletko ammatiltasi opettaja?

– Olen.
– Kyllä, olen saksalainen.
– En asu Hampurissa.
 Asun Stadessa.
– Puhun suomea hyvin vähän.
 Tavallisesti puhun saksaa.
– En ole. Olen ammatiltani opas.

Das »Zusammenziehen« von Formen ist für die freie Umgangssprache typisch. Bei einer *-ko/-kö*-Frage kann z.B. die (normale oder verkürzte) Verbform mit dem Pronomen verbunden und die Fragepartikel weggelassen werden: *Oletsä* oder *ootsä automekaanikko?* statt *Oletko sinä automekaanikko?*

S: Oletko sinä Tuula?
K: En ole, minä olen Kaisa.
S: Oletko sinä saksalainen?
K: En ole, olen suomalainen.
S: Asutko sinä Helsingissä?
K: En, minä asun Lieksassa.
S: Oletko ammatiltasi sairaan-
   hoitaja?
K: En, olen opettaja.
S: Puhutko sinä saksaa?
K: En. Puhun suomea.
S: Etkö sinä puhu englantia?
K: Kyllä, puhun myös englantia.

Bei der Antwort »ja« bzw.
»doch« wird in der Umgangs-
sprache statt *kyllä* oft *juu*
oder *joo* gesagt.

– Oletko sinä Petri?
– Oletko sinä suomalainen?
– Asutko sinä Kuopiossa?
– Puhutko sinä englantia?
– Etkö puhu saksaa?
– Mikä olet ammatiltasi?

– Kyllä olen.
– Olen.
– Asun.
– Kyllä, puhun myös englantia.
– En, valitettavasti en puhu saksaa.
– Olen lääkäri.

2. Onko Tarja kotona? Ist Tarja zu Hause?

S: Onko Tarja kotona?
M: Ei, valitettavasti hän ei ole kotona.
S: Onko hän ulkona?
M: On.
S: Missä Katja on?
M: Hän on tuolla.

Onko Gisela täällä?

Kyllä on.

Entä tiedätkö, missä Mika on?

En tiedä.

3. Kuka tuo nainen on? Wer ist jene Frau?

– Kuka tuo nainen on?
– Minkämaalainen hän on?
– Millainen Katri on?
– Onko Katri vanha?
– Puhuuko hän suomea?
– Entä saksaa?

– Hän on Katri Savolainen.
– Hän on suomalainen.
– Hän on oikein mukava.
– Ei, hän on nuori.
– Tietysti.
– Kyllä. Hän puhuu myös saksaa.

S: Kuka tuo mies on?
G: Hän on Otto.
S: Onko Otto saksalainen?
G: Ei ole, hän on suomalainen.
S: Millainen Otto on?
G: Hän on kiva.
S: Onko hän vanha?
G: Kyllä on.
S: Puhuuko hän saksaa?
G: Ei puhu. Hän puhuu vain suomea ja ruotsia.

– Kuka tuo tyttö on?   – Hän on Pia.
– Onko Pia saksalainen?   – Ei ole, hän on myös suomalainen.
– Onko Pia kiva?   – Kyllä on.
– Mitä kieliä Pia puhuu?   – Hän puhuu suomea, saksaa ja
                       englantia.
– Ymmärtääkö hän espanjaa?   – Ei ymmärrä.

L: Kuka tuo poika on?
K: Hän on Olli.
L: Onko Olli myös suomalainen?
K: Kyllä on.
L: Millainen Olli on?
K: Hän on myös oikein mukava.

Etkö sinä ole Jussi?

Entä kuka tuo poika on?

En ole. Olen Pekka.

Hän on Mikko.

Lerntipp

Lesen Sie immer wieder die Dialoge aus den Lektionen, die Sie bereits durchgenommen haben. Lesen Sie sie laut, damit Sie gleichzeitig die Aussprache üben! Denken Sie sich auch eigene Dialoge aus!

B. Harjoituksia

1. Täydennä! Vervollständigen Sie. Bei einigen Sätzen ist es hilfreich, die vorhandenen Wörter zu übersetzen. Dann werden Sie schnell erkennen, welches Wort fehlt: z.B. *Kuka .... tuolla ulkona?* »Wer .... dort draußen?«

a. Minä .... Leena.

b. ....ko sinä Kaija?

c. Kuka tuo tyttö ....?

d. ....ko Päivi täällä?

e. Hän .... kotona.

f. ....ko sinä usein kotona?

g. Kuka sinä ....?

h. ....ko sinä usein täällä?

i. Minä .... nyt suomen kurssilla.

j. Kuka tuo kiva rouva ....?

k. ....ko Pekka .... täällä?

l. ....kö sinä .... Jussi?

m. En ...., minä .... Mikko.

n. Kuka .... tuolla ulkona?

o. ....ko sinä usein poissa?

p. Mikä sinun nimi ....?

q. ....ko tuo kiva tyttö Leena? Kyllä ....

r. Hei, minä .... Marja.

s. Kuka hän ....?

t. Minä olen .... (Suomi).

u. Minkämaalainen sinä .... ?

v. Minä olen .... (Ranska).

w. Minun nimi .... Hanna.

x. .... sinä Maija? .... ole, minä .... Ulla.

y. Anteeksi, että minä .... myöhässä. Ei ....

2. Pane annetut sanat oikeaan muotoon! Setzen Sie die angegebenen Wörter in der richtigen Formen ein!

a. .... (puhua) sinä .... (ruotsi)?

b. Minä .... (puhua) tavallisesti .... (englanti).

c. .... (mitä kieli) sinä .... (puhua) työssä?

d. .... (puhua) Pekka myös .... (saksa)?

e. .... (puhua) Leena .... (unkari)?

f. .... (sanoa) Marja aina »hyvää huomenta«?

g. .... (puhua) tuo ruotsalainen mies myös .... (englanti)?

h. Mitä kieliä tuo japanilainen nainen .... (puhua)?

i. Kuka .... (puhua) hyvin .... (espanja)?

j. .... (puhua) sinä .... (norja)?

k. Eikö Pekka .... (puhua) .... (ranska)?

l. Minä .... (ymmärtää) vähän .... (ranska).

m. .... (ymmärtää) sinä .... (venäjä)? Entä .... (suomi)?

3. Kysykää pareittain: Fragen Sie sich gegenseitig:

Asutko sinä ....?   Oletko sinä ....?   Puhutko ....?

Asuuko ....?   Onko ....?   Puhuuko ....?

4. Täydennä ja muodosta 6 lausetta: Ergänzen Sie die Formen für *sinä* und *hän* und bilden Sie sechs Sätze:

minä olen	minä en ole	olenko minä?	enkö minä ole?
ich bin	ich bin nicht	bin ich?	bin ich nicht?
....	....	....	....
....	....	....	....

....

....

....

....

....

....

5. Vastaa: Beantworten Sie die folgenden Fragen:

a. Oletko sinä Katri? ....

b. Kuka sinä olet? ....

c. Oletko englantilainen? ....

d. Minkämaalainen sinä olet? ....

e. Mikä olet ammatiltasi? ....

f. Asutko Stadessa? ....

g. Missä sinä asut? ....

h. Millainen olet? ....

i. Mitä kieliä puhut? ....

j. Ymmärrätkö italiaa? ....

6. Muodosta annetuista sanoista kahdeksan kysymyslausetta!
Bilden Sie aus dem Wortvorrat acht Fragesätze!

olet minkämaalainen sinä mikä mitä olet asut oletko puhut saksalainen stadessa asutko puhutko sinä insinööri kieliä oletko ammatiltasi suomea ammatiltasi missä

a. ....

b. ....

c. ....

d. ....

e. ....

f. ....

g. ....

h. ....

7. Kirjoita Ursulan, Kaisan ja Petrin henkilötiedot (katso A 1)!

Schreiben Sie die Personalien von Ursula, Kaisa und Petri auf (siehe Abschnitt A 1)!

Nimi:	Nimi: ....
Asuinpaikka:	Asuinpaikka: ....
Kansallisuus:	Kansallisuus: ....
Ammatti:	Ammatti: ....
Kielet:	Kielet: ....

Nimi:	Asuinpaikka: ....
Kansallisuus:	Ammatti: ....
Kielet:	

8. Kirjoita omat henkilötietosi paperilapulle! Paperilaput sekoitetaan ja jaetaan taas osanotta-jille. Kukin esittelee henkilön, jonka henkilötiedot hän saa.

Schreiben Sie Ihre Personalien auf einen Zettel. Die Zettel werden gemischt und wieder verteilt. Stellen Sie jetzt die Person vor, deren Angaben Sie vorliegen haben.

9. Tässä on kymmenen kysymystä – etsi sopivat vastaukset!

Hier sind zehn Fragen. Suchen Sie die passenden Antworten!

1.	Kuka tuo nainen on?	a.	Hän asuu Helsingissä.
2.	Minkämaalainen hän on?	b.	Hän on kiva.
3.	Mitä kieliä hän puhuu?	c.	Ei ymmärrä.
4.	Ymmärtääkö hän italiaa?	d.	Hän on Tiina Mäkinen.
5.	Mikä hän on ammatiltaan?	e.	Ei ole. Hän on nuori.
6.	Asuuko hän Hampurissa?	f.	Ei ole. Hän on kotona Helsingissä.
7.	Missä hän asuu?	g.	Hän on sihteeri.
8.	Onko hän täällä?	h.	Ei asu.
9.	Millainen hän on?	i.	Hän puhuu suomea, saksaa ja englantia.
10.	Onko hän vanha?	j.	Hän on suomalainen.

10. Järjestele seuraavat lauseet niin, että syntyy looginen dialogi. Kysymyksessä on dialogi, jossa kaksi henkilöä keskustelee ja kolmas henkilö tulee mukaan keskusteluun.

Ordnen Sie die folgenden Sätze so, dass ein sinnvoller Dialog entsteht. Zunächst unterhalten sich zwei Personen, eine dritte Person kommt dazu. Tipp: Schreiben Sie die einzelnen Dialogteile auf Zettel und ordnen Sie sie dann! Der erste und der letzte Satz sind an der richtigen Stelle!

a. Hei Marja, mitä sinulle kuuluu?

b. Hän on Peter.

c. Asun. Entä sinä?

d. Kiitos hyvää. Entä sinulle?

e. Ymmärtääkö hän suomea?

f. Entä tiedätkö, kuka tuo mies on?

g. Valitettavasti en puhu saksaa. Mutta sinä puhut hyvin suomea.

h. Kiitos, ei mitään erikoista. Tiedätkö, onko Mika kotona?

i. Onko Peter suomalainen?

j. Ahaa. Se on hyvä.

k. Kyllä ymmärtää. Ja hän puhuu hyvin suomea. Hei Peter, saanko esitellä? Tässä on Marja.

l. Ei ole. Peter on saksalainen.

m. Hei Peter! Asutko sinä täällä Helsingissä?

n. En tiedä. Mutta Matti ja Jussi ovat kotona.

o. Hei Marja, hauska tutustua.

p. Puhutko sinä saksaa?

q. Minä asun myös täällä.

r. Kiitos.

C. Landeskunde

Die Finnen trinken gern Kaffee. Sie trinken ihn morgens (*aamukahvi*), mittags (*päiväkahvi*), abends (*iltakahvi*) und immer wieder zwischendurch – auf jeden Fall aber, wenn Besuch kommt. Normalerweise gibt es zum Kaffee *pulla*, ein Hefegebäck in der Art eines Hefezopfs oder verfeinert *korvapuusti* »Ohrfeige« mit Zimt und Zucker. Bei einer Einladung zum Kaffee gibt es außer *pulla* meist noch anderes Gebäck. Dabei sollte man immer mit *pulla* anfangen, sich anschließend von dem trockenen Kuchen und vom Kleingebäck nehmen und erst zum Schluss die Torte, die meist nicht vorgeschnitten ist. Jeder schneidet sich mit dem Kuchenheber ein Stück von der Torte ab. Früher war diese Reihenfolge ein »Muss«, heute sehen es viele etwas lockerer. Nach dem Kaffee heißt es dann *kiitos kahvista* »danke für den Kaffee«. Das Wort »kiitos« ist in Finnland sehr wichtig. Man bedankt sich in vielen Situationen, nicht nur, wenn man etwas bekommt oder einem geholfen wird. Es ist üblich, sich beim Aufstehen auch nach dem Essen zu bedanken; ebenso, wenn man zur Sauna eingeladen wurde: *kiitos saunasta*. Trifft man sich nach einem Besuch wieder, bedankt man sich beim Gastgeber für das »letzte« Mal: *kiitos viimeisestä*.

D. Sanasto

-ko/-kö?	angehängte Fragepartikel:
oletko sinä?	bist du?
olla, olen 3	sein
kyllä	ja, doch
asua, asun 1	wohnen
en	ich nicht, nein
Stadessa	in Stade
puhua, puhun 1	sprechen
hyvin	sehr
hyvin vähän	sehr wenig
tavallisesti	gewöhnlich
Lieksassa	in Lieksa (Stadt in Finnland)
et	du nicht, nein
Etkö sinä puhu ...?	Sprichst du nicht ...?
valitettavasti	leider
kotona	zu Hause
ei	er, sie, es nicht, nein
ulkona	draußen
tuolla	dort
täällä	hier
tietää, tiedän 1	wissen
nai|nen, -sen, naista	Frau, weibliche Person
millai|nen, -sen, millaista	wie, was für ein
oikein	sehr, richtig
oikein hyvin	sehr gut
mukava, -n, -a	nett
vanha, -n, -a	alt
nuori, nuoren, nuorta	jung
tietysti	natürlich
kiva, -n, -a	nett, toll
vain	nur
tyttö, tytön, tyttöä	Mädchen
ymmärtää, ymmärrän 1	verstehen
poika, pojan, poikaa	Junge
usein	oft
suomen kurssilla	im Finnischkurs
rouva, -n, -a	Dame, Frau
poissa	weg
sinun (*zu:* sinä)	dein, deine, dein
nimi, nimen, nimeä	Name
Suomi, Suomen, Suomea	Finnland
Ranska, -n, -a	Frankreich
työssä	bei der Arbeit
unkari, -n, -a	Ungarisch
sanoa, sanon 1	sagen
aina	immer
japanilai|nen, -sen, japanilaista	japanisch, Japaner, -in
hyvin	gut
Kuka puhuu hyvin espanjaa?	Wer spricht gut Spanisch?
venäjä, -n, -ä	Russisch
sihteeri, -n, -ä	Sekretär, -in
mutta	aber
hyvä, -n, -ä	gut
ovat (*zu:* olla, olen)	(sie) sind

Viides kappale
Fünfte Lektion

A. Dialogeja

1. Keitä te olette? Wer seid ihr?

A: Keitä te olette?
P: Me olemme Paul ja Christine Neumann.
A: Minkämaalaisia te olette?
P: Me olemme saksalaisia.
A: Missä te asutte?
C: Me asumme Münchenissä.
A: Mitä kieliä te puhutte?
C: Me puhumme saksaa, ranskaa ja vähän suomea.
A: Puhutteko te englantia?
C: Me emme puhu englantia.

2. Me olemme Päivi ja Kari! Wir sind Päivi und Kari!

K: Me olemme Päivi ja Kari. Keitä te olette?
S: Me olemme Stefan ja Johanna. Oletteko te suomalaisia?
P: Kyllä. Entä te? Minkämaalaisia te olette?
S: Me olemme saksalaisia.
K: Missä te asutte?
J: Me asumme Flensburgissa. Entä te?
K: Me asumme Espoossa.
S: Mitä kieliä te puhutte?
P: Me puhumme suomea, ruotsia ja saksaa ja Kari puhuu myös
   englantia. Entä te?
J: Me puhumme saksaa, englantia ja vähän suomea.

3. Te olette siis Helena ja Jukka. Ihr seid also Helena und Jukka.

Te olette siis Helena ja Jukka. Te ette ole saksalaisia. Te olette
suomalaisia. Te asutte nyt Saksassa. Te puhutte suomea, saksaa ja
englantia. Te ette puhu italiaa.

4. Tässä ovat Katri ja Mikko. Das sind Katri und Mikko. (wörtlich: Hier sind ...)

Tässä ovat Katri ja Mikko Laitinen. He ovat suomalaisia ja asuvat Tampereella. He puhuvat suomea, saksaa ja englantia. He eivät puhu ruotsia.

Statt *he* lautet die 3. Pers. Mehrz. in der freien Umgangssprache oft *ne*. Bei Personen wird jedoch das Fürwort *he* verwendet, *ne* ist Sachen oder Tieren vorbehalten.

– Tuossa ovat Jari ja Tuula Nieminen.
– Kyllä ovat.
– Eivät asu, he asuvat Ruotsissa.
– Eivät. He asuvat Göteborgissa.
– He puhuvat ruotsia, englantia
  ja ranskaa ja tietysti suomea.

– Ovatko he suomalaisia?
– Asuvatko he Suomessa?
– Asuvatko he Tukholmassa?
– Mitä kieliä he puhuvat?

5. Kuka Te olette? Wer sind Sie?

Kuka
Te olette?

Asutteko Te
Hampurissa?

Mitä kieliä Te
puhutte?

Olen Kari Hyvärinen.

En asu. Asun Tampereella.

Puhun suomea, saksaa,
venäjää ja ranskaa.

B. Harjoituksia

1. Vastaa kysymyksiin! Beantworten Sie die Fragen!

a. Missä Katri ja Mikko Laitinen asuvat nyt?

....

b. Mitä kieliä he puhuvat?

....

c. Ovatko Christine ja Paul suomalaisia?

....

d. Puhuvatko he suomea hyvin?

....

e. Missä Jari ja Tuula asuvat?

....

f. Puhuvatko he saksaa?

....

Lerntipp

Beschreiben Sie einige Personen und erzählen Sie möglichst viel von ihnen! Erweitern Sie Ihre Beschreibung mit immer mehr Einzelheiten!

---

2. Pane annetut sanat oikeaan muotoon! Setzen Sie die angegebenen Wörter in der richtigen Formen ein!

a. Mitä kieliä Te .... (puhua)?

b. .... (puhua) Te myös .... (ranska)?

c. .... (olla) Te suomalainen?

d. En, ... (olla, englanti...).

3. Muodosta lauseita mallin mukaan: Bilden Sie Sätze nach folgendem Muster:

Beispiel: *Marja, Kuopio, Suomi, asua, puhua, ymmärtää (suomi, saksa, englanti, venäjä)*
Marja asuu Kuopiossa Suomessa. Marja on siis suomalainen ja hän on kuopiolainen. Kotona Marja puhuu tavallisesti suomea. Mutta hän puhuu myös saksaa ja englantia hyvin. Ja hän ymmärtää myös venäjää melko hyvin.

a. Nora, Lyypekki, Saksa, puhua, ymmärtää (saksa, englanti, ranska/italia)

....
....

b. Pertti, Lieksa, Suomi, puhua, ymmärtää (suomi, ruotsi/espanja)

....
....

c. Claudia, Kööpenhamina, Tanska, puhua, ymmärtää (tanska, saksa, unkari/norja)

....
....

d. Jane ja John, Lontoo, Englanti, puhua, ymmärtää (englanti, espanja, ruotsi/suomi)

....
....

e. Gudrun ja Jürgen, Köln, Saksa, puhua, ymmärtää (saksa, ranska/puola)

....
....

4. Esittele henkilöitä, joita tunnet! Stellen Sie Personen vor, die Sie kennen!

5. Tässä on kymmenen kysymystä – etsi sopivat vastaukset!
Hier sind zehn Fragen – ordnen Sie die passenden Antworten zu:

1. Keitä he ovat?
2. Ovatko he ruotsalaisia?
3. Minkämaalaisia he ovat?
4. Asuvatko he Helsingissä?
5. Missä he asuvat?
6. Mitä kieliä he puhuvat?
7. Ymmärtävätkö he saksaa?
8. Mikä Elina on ammatiltaan?
9. Entä Pertti? Mikä hän on ammatiltaan?
10. Ovatko he tuolla ulkona?

a. Eivät ole.
b. He asuvat Kuopiossa.
c. He puhuvat suomea, ruotsia ja englantia.
d. Elina on sairaanhoitaja.
e. Eivät ole. He ovat kotona Kuopiossa.
f. He ovat suomalaisia.
g. Valitettavasti he eivät ymmärrä saksaa.
h. Eivät asu.
i. He ovat Elina ja Pekka Salovaara.
j. Hän on poliisi.

C. Landeskunde

Das »Mökki-Leben« ist in Finnland etwas sehr Wichtiges. Viele Stadtbewohner haben ein eigenes Sommerhaus, andere mieten sich eins, wenn nicht für den ganzen Sommer, so wenigstens für den Urlaub. Viele Sommerhäuser sind einfach ausgestattet, doch sind in den letzten Jahren Sommerhäuser entstanden, die den höchsten Komfort bieten. Dies hängt sicherlich mit der Nachfrage der Touristen nach gut ausgestatteten Häusern zusammen, aber auch viele Finnen haben die Vorzüge des Komforts entdeckt. Die Häuser können so auch im Winter benutzt werden. Die Sommergäste spielen für die Gemeinden eine wichtige Rolle. Sie haben in den Sommermonaten wirtschaftliches Wachstum registriert und fördern deshalb eine Benutzung der Häuser auch im Winter, indem sie den Hausbesitzern z.B. Modernisierungsvorschläge machen. Mein Tipp; Wenn Sie richtiges Mökki-Leben erfahren wollen, suchen Sie sich ein Haus ohne Stromanschluss und sonstigen Komfort.

D. Sanasto

keitä	wer (Mehrzahl unbest. Form)
te	ihr
olette	ihr seid, Sie sind
me	wir
olemme	wir sind
minkämaalaisia	welche Nationalität (Mehrzahl unbestimmte Form)
saksalaisia	Deutsche (Mehrzahl unbest. Form)
emme	wir nicht, nein
suomalaisia	Finnen (Mehrzahl unbest. Form)
Flensburgissa	in Flensburg
Espoossa	in Espoo
ette	ihr/Sie nicht, nein
Saksassa	in Deutschland
italia, -n, -a	Italienisch
ovat	sie sind
he	sie
eivät	sie nicht, nein
tuossa	dort, an jener Stelle
Suomessa	in Finnland
Ruotsi, -n, -a	Schweden
Ruotsissa	in Schweden
Göteborgissa	in Göteborg
Te	Sie (Höflichkeitsform)
kuopiolai|nen, -sen, kuopiolaista	Bewohner, -in von Kuopio
melko	ziemlich
Lyypekki, Lyypekin, Lyypekkiä	Lübeck
Lyypekissä	in Lübeck
Saksa, -n, -a	Deutschland
Kööpenhamina, -n, -a	Kopenhagen
Tanska, -n, -a	Dänemark
Tanskassa	in Dänemark
Lontoo, -n, -ta	London
Englanti, Englannin, Englantia	England
Englannissa	in England
puola, -n, -a	Polnisch
ruotsalaisia	Schweden (Mehrzahl unbest. Form)

Kuudes kappale
Sechste Lektion

A. Dialogeja

1. Mikä tämä on? Was ist das?

– Mikä tämä on?
– Se on lamppu.
– Millainen lamppu on?
– Lamppu on pieni.

– Mikä tuo on?
– Se on televisio.
– Onko se hyvä televisio?
– On, se on hyvä. Se on saksalainen
televisio.

Tämä on kartta. Kartta
on uusi ja hyvä.

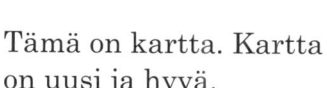

Tämä on sanakirja.
Sanakirja on aika vanha.
Sanakirja ei ole halpa, se on kallis.

| Vgl. dazu Übung 1

2. Mikä rakennus tuo on? Was für ein Gebäude ist das?

E: Mikä rakennus tuo on?
T: Se on Osuuspankki.
E: Mikä se on?
T: Osuuspankki on suomalainen pankki.
E: Onko se iso pankki?
T: On.

E: Onko tämä talo myös pankki?
T: Ei ole. Se on posti.
E: Posti on aika iso.
T: Niin on.

U: Mitä kirjasto on saksaksi?
L: Se on »Bibliothek«.
U: Entä kirjakauppa?
L: Se on »Buchladen«.
U: Missä kirjasto on?
L: Se on tuossa.
U: Ahaa. Kiitos.
L: Ei kestä.

U: Mikä tuo rakennus on?
L: Se on kaupungintalo.
U: Se on mielenkiintoinen
   rakennus.
L: Niin on.

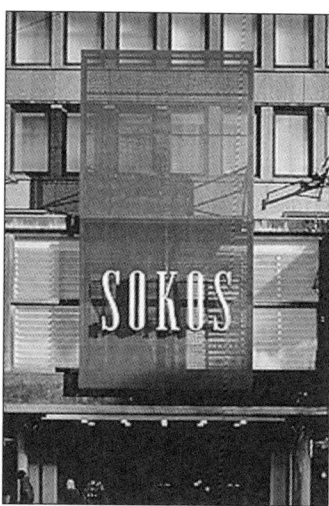

– Mikä Sokos on?
– Sokos on tavaratalo.
– Onko Sokos ruotsalainen tavaratalo?
– Ei ole. Se on suomalainen.
– Missä tämä Sokos on?
– En tiedä.

– Mikä rakennus tässä on?
– Siinä on terveyskeskus.
– Mitä terveyskeskus on saksaksi?
– Se on »Gesundheitszentrum«.
– Missä sairaala on?
– Se on tuossa.

– Tiedätkö, missä poliisiasema on?
– Se on tuolla.
– Onko se tuo uusi rakennus?
– On.

– Missä täällä on baari?
– Tuolla.

– Anteeksi, voitteko sanoa, missä
  rautatieasema on?
– Tuo iso rakennus tuolla on rautatieasema.
– Kiitos.
– Ei kestä.

– Onko tuo kirjasto?
– Ei ole. Se on teatteri.
– Se on nykyaikainen rakennus.
– Niin on.
– Entä mikä tuo vanhanaikainen rakennus on?
– Se on museo.
– Entä tuo ruma rakennus ? Mikä se on?
– En tiedä.

– Mikä kirkko tässä on?
– Se on tuomiokirkko.
– Onko tämä tuomiokirkko Hampurissa?
– Ei ole. Se on Kuopiossa.
– Kirkko on kaunis.
– Niin on. Ja se on iso.

M: Terve Kari, mitä kuuluu?
K: Ihan hyvää, entä sinulle?
M: Kiitos, myös hyvää.

K: Tiedätkö, missä kauppahalli on?
M: Hetkinen...tuo kaunis, vanhanaikainen rakennus on kauppahalli.
K: Entä onko tuo supermarket?
M: Ei ole. Tuo on vanha pieni kauppa. Supermarket ei ole täällä.

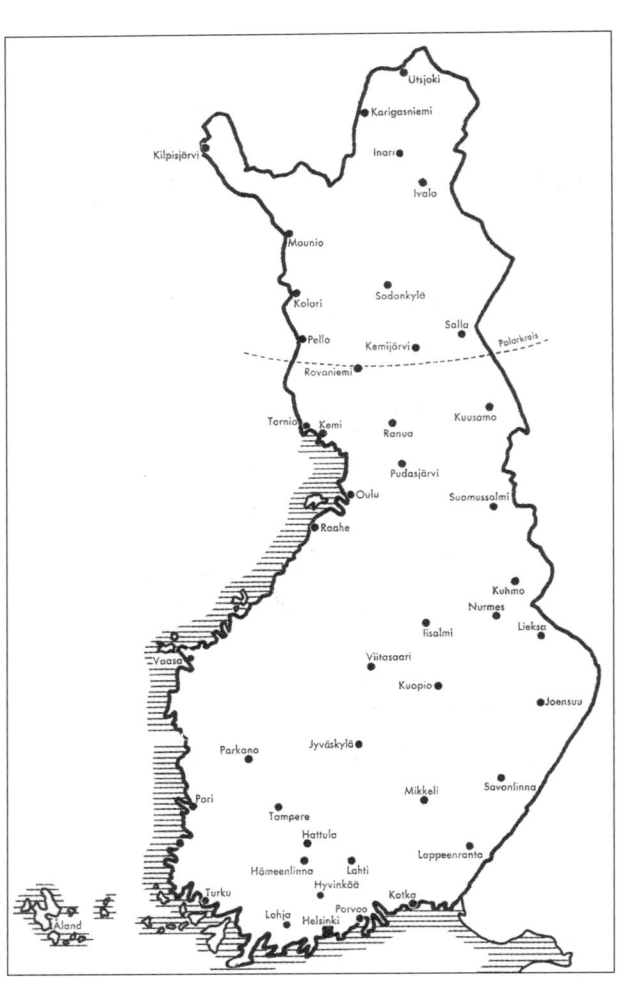

3. Mikä maa tuo on? Welches Land ist das?

– Mikä maa tuo on?
– Se on Suomi.
– Millainen maa Suomi on?
– Se on pieni, kaunis maa.
– Mikä kaupunki tuo on?
– Se on Rovaniemi.
– Millainen kaupunki Rovaniemi on?
– Se on kiva kaupunki.
– Onko Rovaniemi vanha kaupunki?
– Ei ole.

– Mikä kaupunki tuossa on?
– Siinä on Jyväskylä.
– Onko Jyväskylä pieni kaupunki ?
– On. Ja se on kiva kaupunki.

– Mikä Kuopio on?
– Kuopio on kaupunki.
– Millainen kaupunki Kuopio on?
– Se on kiva ja kaunis kaupunki.
– Entä millainen kaupunki Hampuri on?
– Hampuri on vanha, iso kaupunki.
– Onko Hampuri kaunis kaupunki?
– Kyllä, Hampuri on myös kaunis.

– Onko Stade iso kaupunki?
– Ei, se on pieni kaupunki.
– Oletko sinä stadelainen?
– En, minä olen hampurilainen.

– Tiedätkö, missä Lüneburg on?
– Hetkinen. Se on tuossa.
– Onko Lüneburg kaunis kaupunki?
– On. Se on kaunis kaupunki.

– Mikä kaupunki tässä on?
– Siinä on Moskova.
– Entä tuossa?
– Siinä on Varsova.
– Millainen kaupunki Varsova on?
– Se on iso.
– Entä Moskova?
– Moskova on iso ja mielenkiintoinen kaupunki. | Vgl. dazu Übung 2-5

B. Harjoituksia

1. Mikä on missä?

Was ist wo? Ordnen Sie die Begriffe den Bildern zu und fragen Sie:

Mikä tämä on? Onko tämä ......? Millainen tämä .... on?

banaani – kynä – bussi – kamera – talo – kukka
hotelli – kampa – pöytä – appelsiini – kello – auto – mökki – vene

2. Etsi vastakohdat ja muodosta lauseita!

Suchen Sie jeweils das Gegenteil und bilden Sie Sätze, in denen diese Eigenschaftswörter vorkommen!

kiva	ikävä
iso	uusi
hyvä	halpa
vanhanaikainen	pieni
kallis	huono
ruma	nykyaikainen
vanha	tylsä
mielenkiintoinen	kaunis

1. ....

2. ....

3. ....

4. ....

5. ....

6. ....

7. ....

8. ....

9. ....

10. ....

3. Katsokaa kappaleen ja harjoituksen 1 kuvia ja kysykää pareittain!

Schauen Sie sich die Bilder der Lektion und der Übung 1 an und fragen Sie Ihren Partner!

Beispiele:

Mikä tämä on? Se on *kamera*.

Mikä tässä on? Siinä on *terveyskeskus*.

Mikä rakennus tuo on? Se on *supermarket*.

Mikä rakennus tuossa on? Siinä on *museo*.

Millainen tämä museo on? Se on *mielenkiintoinen*.

Onko tämä *kynä*? Ei ole. Se on *kello*.

Onko tuossa supermarket? Ei ole. Siinä on vanha *kauppa*.

Mitä *kirjasto* on saksaksi? Se on Bibliothek.

Mikä *Rovaniemi* on? Rovaniemi on *kaupunki*.

4. Esitelkää omien kuvien avulla suomalaisia kaupunkeja! Naapuri esittää kysymyksiä!

Stellen Sie anhand eigener Bilder finnische Städte vor! Der Partner stellt Fragen.

5. Kysykää pareittain:

Stellen Sie einander Fragen und beantworten Sie sie:

Beispiele:

Mikä maa tuo on? Se on Ruotsi.
Millainen kaupunki Tukholma on? Se on kiva kaupunki.
Onko tämä maa Ruotsi? Ei ole. Se on Saksa.
Onko tuossa Berliini? On.

Suomi/Helsinki	Puola/Varsova	Ranska/Pariisi	Espanja/Madrid
Ruotsi/Tukholma	Islanti/Reykjavik	Unkari/Budapest	Italia/Rooma
Norja/Oslo	Irlanti/Dublin	Englanti/Lontoo	
Tanska/Kööpenhamina	Portugali/Lissabon	Itävalta/Wien	
Saksa/Berliini	Venäjä/Moskova	Sveitsi/Bern	

C. Landeskunde

Wie das Mökki gehört auch die Sauna zum finnischen Leben. Mindestens einmal die Woche begibt man sich in die Sauna, einige gehen vor allem im Sommer jeden Tag. Selbst in Etagenwohnungen ist eine Sauna heute Standard. Ein besonderer Genuss ist es, sich in der Sauna mit Birkenzweigen zu »schlagen«. Im Sommer nimmt man dazu frische Birkenzweige, im Winter getrocknete beziehungsweise tiefgefrorene, die vorher in heißem Wasser aufgeweicht werden. Mit den Birkenzweigen lässt sich manch ein Wehwechen vertreiben. Besondere Saunatage sind Heiligabend (*joulusauna*), Silvester (*uudenvuodensauna*) und Johannis (*juhannussauna*). Ein besonderer Tipp: Besuchen Sie eine finnische Rauchsauna.

D. Sanasto

lamppu, lampun, lamppua	Lampe
pieni, pienen, pientä	klein
televisio, -n, -ta	Fernsehen
kartta, kartan, karttaa	Landkarte
uusi, uuden, uutta	neu
sanakirja, -n, -a	Wörterbuch
aika	ziemlich
halpa, halvan, halpaa	billig
kallis, kalliin, kallista	teuer
rakennus, rakennuksen, rakennusta	Gebäude
pankki, pankin, pankkia	Bank (Geldinstitut)
iso, -n, -a	groß
talo, -n, -a	Haus
posti, -n, -a	Post
niin	so
niin on	ja, so ist es, das stimmt
kirjasto, -n, -a	Bibliothek
kirja|kauppa, -kaupan, -kauppaa	Buchhandlung
kaupungintalo, -n, -a	Rathaus
mielenkiintoi|nen, -sen, mielenkiintoista	interessant
Sokos, Sokoksen, Sokosta	finnisches Warenhaus
tavaratalo, -n, -a	Warenhaus
siinä	da, an der Stelle
terveys|keskus, -keskuksen, -keskusta	Gesundheitszentrum
sairaala, -n, -a	Krankenhaus
poliisiasema, -n, -a	Polizeiwache
baari, -n, -a	Bar
teatteri, -n, -a	Theater
voida, voin 2	können
Voitteko sanoa ...?	Können Sie mir sagen ...?
(rautatie)asema, -n, -a	Bahnhof
nykyaikai|nen, -sen, nykyaikaista	modern
vanhanaikai|nen, -sen, vanhanaikaista	altmodisch
museo, -n, -ta	Museum
ruma, -n, -a	hässlich
kirkko, kirkon, kirkkoa	Kirche
tuomio|kirkko, -kirkon, -kirkkoa	Domkirche
kaunis, kauniin, kaunista	schön
kauppahalli, -n, -a	Markthalle
hetki|nen, -sen, hetkistä	Moment
supermarket, -in, -ia	Supermarkt
kauppa, kaupan, kauppaa	Geschäft, Laden
maa, -n, -ta	Land
kaupunki, kaupungin, kaupunkia	Stadt
Hampuri, -n, -a	Hamburg
stadelai|nen, -sen, stadelaista	Bewohner, -in von Stade
hampurilai|nen, -sen, hampurilaista	Bewohner, -in von Hamburg
Moskova, -n, -a	Moskau

Varsova, -n, -a	Warschau	Pariisi, -n, -a	Paris
kynä, -n, -ä	Stift	Espanja, -n, -a	Spanien
kamera, -n, -a	Kamera	Portugali, -n, -a	Portugal
kukka, kukan, kukkaa	Blume	Itävalta, Itävallan,	Österreich
kampa, kamman,	Kamm	Itävaltaa	
kampaa		Sveitsi, -n, -ä	Schweiz
pöytä, pöydän, pöytää	Tisch	Italia, -n, -a	Italien
appelsiini, -n, -a	Apfelsine	Rooma, -n, -a	Rom
kello, -n, -a	Uhr	Unkari, -n, -a	Ungarn
auto, -n, -a	Auto	Venäjä, -n, -ä	Russland
mökki, mökin, mökkiä	Sommerhaus, Hütte	Puola, -n, -a	Polen
vene, veneen, venettä	Boot	Islanti, Islannin,	Island
ikävä, -n, -ä	trist, langweilig	Islantia	
huono, -n, -a	schlecht	Irlanti, Irlannin,	Irland
tylsä, -n, -ä	langweilig, uninteressant	Irlantia	
Norja, -n, -a	Norwegen	helsinkiläi|nen, -sen,	Bewohner, -in von Helsinki
Berliini, -n, -ä	Berlin	helsinkiläistä	

Seitsemäs kappale
Siebte Lektion

A. Dialogeja

1. Kenen tämä auto on? Wem gehört dieses Auto?

– **Kenen** tämä auto on?
– Se on Matin auto.

    – Missä Matti on?
    – Hän on tässä.

– Entä **kenen** tämä kirja on?
– Se on Pekan ja Pekka on tässä.

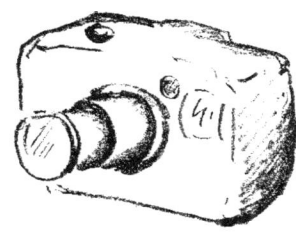

    – **Kenen** tämä kamera on?
    – Se on Leenan.

– **Kenen** tämä kampa on?
– Se on tuo**n** piene**n** tytö**n**.
– Kuka tuo pieni tyttö on?
– Hän on Tia.
– Tämä on siis Tia**n** kampa.
– Niin on.

– **Kenen** tämä auto on?
– Se on tuo**n** saksalaise**n** **miehen** auto.
– Kuka tuo saksalainen mies on?
– Hän on Manfred.
– Tämä on siis Manfredi**n** auto.
– Niin on.

2. Onko tämä kartta sinun?

Ist dies deine Karte? (wörtlich: Ist diese Karte deine?)

In der freien Umgangs-
sprache wird das Posses-
sivsuffix oft weggelassen.
Außerdem wird dann *mun*
statt *minun* und *sun* statt
sinun gebraucht. So heißt es
dann z. B. *Mun kynä on
tässä. Missä sun kynä on?*
Diese Formen der Pronomen
werden wie *mä, sä* vor
allem von jungen Leuten
benutzt. Das Auslassen der
Possessivsuffixe ist dagegen
zunehmend auch in der all-
gemeinen Umgangssprache
akzeptiert.

K: Onko tämä kartta **sinun**?
L: Ei ole. Se on Kaisa**n**, mutta tuo vanha kartta on **minun**.
K: Entä kenen tämä sanakirja on?
L: Se on myös **hänen**.
K: Onko tuo kynä sinun?
L: Ei. Minun kynä on tässä.

K: Kenen tuo televisio on?
L: Se on **meidän**.
K: Onko tämä mökki myös **teidän**?
L: Ei ole. Se on Jari**n** ja Tuula**n** mökki.
K: Entä tuo vene? Kenen se on?
L: Se on myös **heidän**.

3. Kenen vuoro nyt on?

Wer ist jetzt dran?

– Kenen vuoro nyt on?
– Minun.

4. Minkä maan pääkaupunki on Helsinki?

Von welchem Land ist Helsinki die Hauptstadt?
(wörtlich: Welchen Landes Hauptstadt ist Helsinki?)

– Minkä maan pääkaupunki on Helsinki?
– Helsinki on Suomen pääkaupunki.
– Millainen kaupunki Helsinki on?
– Helsinki on kiva, nykyaikainen kaupunki.
– Onko tässä Helsingin kauppatori?
– Ei ole, siinä on Kuopion kauppatori.

– Tuo kirkko on suuri.
– Tuon suuren kirkon nimi on Tuomiokirkko.

– Minkä maan pääkaupunki on Lontoo?
– Se on Englannin pääkaupunki.

– Mikä kaupunki tuossa on?
– Kaupungin nimi on Lahti.

– Mikä tuon pankin nimi on?
– Sen nimi on Osuuspankki.

– Onko tämä Vuorikatu?
– Ei ole. Tämän kadun nimi on Tulliportinkatu.

5. Luvut 0-10 (nollasta kymmeneen)

0	nolla	6	kuusi
1	yksi	7	seitsemän
2	kaksi	8	kahdeksan
3	kolme	9	yhdeksän
4	neljä	10	kymmenen
5	viisi		

6. Mikä Leenan osoite on?

Wie lautet Leenas Adresse? (wörtlich: Was ist Leenas Adresse?)

– Mikä Leenan osoite on?
– Leenan osoite on Puistokatu 3 A 7, 70100 Kuopio.
– Entä puhelinnumero?
– Se on 2615890.
– Entä tiedätkö, mikä Pekan osoite on?
– Se on Asemakatu 4 B8 ja puhelinnumero on 2624596.
– Kiitos!
– Ei kestä.

– Mikä on terveyskeskuksen puhelinnumero?
– En tiedä.
– Entä poliisiaseman puhelinnumero?

| Vgl. dazu Übung 1-4

– Se on 10022.

7. Tavataan postin edessä!

Treffen wir uns vor der Post (wörtlich:
Lass uns uns vor der Post treffen!)

O: Mäkisellä.
M: Päivää. Täällä on Marja.
   Onko Pekka kotona?
O: Hetkinen ... Pekka!
P: Pekka puhelimessa.
M: Hei Pekka, täällä on Marja.
   Olen nyt Kuopiossa.
P: Sehän kiva. Olisi kiva
   tavata!

Typisch für die freie
Umgangssprache ist die
Benutzung des Passivs in
der 1. Pers. Mehrz.:
me tavataan statt *me
tapaamme, me ollaan* statt
me olemme.
Ohne das Pronomen *me*
ist diese Form eine Auffor-
derung: *Tavataan kirjaston
edessä!* »Treffen wir uns
vor der Bibliothek!« Diese
Form wird sehr viel benutzt,
auch in der Öffentlichkeit,
im Fernsehen und im Radio.
Sie ist heute mehr oder
weniger Bestandteil der all-
gemeinen Umgangssprache
geworden.

M: Niin olisi. Missä tavataan?
P: Tavataan postin edessä kello viisi!
M: Selvä. Hei.
P: Hei hei.

8. Tiedätkö, missä posti on?

Weißt du, wo die Post ist?

B: Anteeksi, tiedätkö, missä posti on?
M: Se on museon lähellä.
B: Entä kirjasto?
M: Se on postin takana.
B: Entä missä Sokos on?
M: Se on tuolla.

A: Missä te olette?
S: Me ollaan täällä aseman lähellä. Entä missä te olette?
A: Me ollaan postin edessä.
S: Missä me tavataan?
A: Tavataan tavaratalon edessä!
S: Selvä.

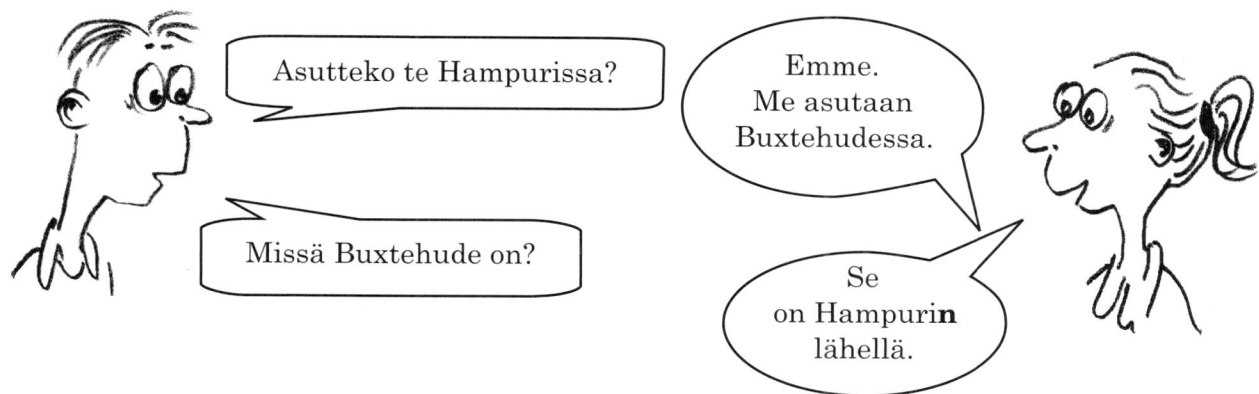

- Tiedätkö, missä Tia ja Mika asuvat?   - Espoossa.
- Missä Espoo on?   - Se on Helsingin lähellä.

Lerntipp

Mikä luku?
Wann immer Sie im Alltag Zahlen hören oder sehen, überlegen Sie,
wie diese auf Finnisch heißen!

Missä olet?
Olen posti**n** edessä.
(*... vor der Post*)

Missä auto on?   Auto on kirko**n** takana.
(*... hinter der Kirche*)

Missä Saimi ja Sirpa ovat?   Saimi ja Sirpa ovat Senja**n** luona.
(*... bei Senja*)

Missä Kaisa on?   Kaisa on asema**n** lähellä.
(*... in der Nähe des Bahnhofs*)

Missä koira on?
Se on pöydä**n** alla.
(*... unter dem Tisch*)

| Vgl. dazu Übung 5-6

9. Minä ostan auton! Ich kaufe ein Auto!

B: Mitä sinä ostat?
M: Minä ostan auto**n**. Entä sinä?
B: Ostan tuo**n** kirja**n**.
M: Mitä Pekka ostaa?
B: Hän ostaa kuka**n**.
M: Entä mitä Tuomo ja Alli ostavat?
B: He ostavat mato**n**.

S: Mitä te ostatte?
P: Me ostamme uude**n** venee**n**.
S: Millaise**n** venee**n** ostatte?
P: Ostamme nykyaikaise**n** iso**n** venee**n**.
S: Onko se kallis?
P: On.

– Pekka on tuolla kirjakaupassa.
– Mitä hän ostaa?
– Hän ostaa Saksa**n** karta**n** ja sanakirja**n**.

10. Kenet tapaat hotellin edessä?

Wen triffst du vor dem Hotel?

S: **Kenet** tapaat hotellin edessä?
P: Tapaan Leena**n**.
S: Missä tapaat Miko**n**?
P: Minä tapaan **hänet** kirkon luona.

– Tunnetko **minut**?
– Tietysti minä tunnen **sinut**.
– Entä tunteeko Olli **meidät**?
– Luulen, että hän tuntee **teidät**.
– Entä tunnetko sinä Karin ja Tiinan?
– Tunnen myös **heidät**.

Vgl. dazu Übung 7-11,
Wiederholungsübungen
12-16.

B. Harjoituksia

1. Etsi yhteenkuuluvat sanat ja kirjoita ne vierekkäin! Mitä voit todeta?

Stellen Sie jeweils die zwei Formen eines Wortes zusammen und schreiben Sie sie nebeneinander!
Was stellen Sie fest?

museo	Suomen	asema	kartta	pankki	kampa	minä
kartan	Matin	sinun	kirja	osoite	kalliin	sairaala
postin	aseman	kirjan	pieni	kamman	museon	minun
sairaalan	osoitteen	Ruotsin	mökin	kallis	Ruotsi	baarin
katu	pienen	pankin	nainen	terveyskeskus	veneen	miehen
naisen	Englanti	suuri	sinä	Englannin	mökki	pöytä
vene	kaupunki	Suomi	pöydän	kaupungin	posti	suuren
terveyskeskuksen		kenen	tyttö	Matti	tytön	kadun
baari	mies	kuka				

z. B. *museo*   *museon*

a. ....   b. ....

c. ....   d. ....

e. ....   f. ....

g. ....   h. ....

i. ....   j. ....

k. ....   l. ....

m. ....   n. ....

o. ....   p. ....

q. ....   r. ....

s. ....   t. ....

u. ....   v. ....

w. ....   x. ....

y. ....   z. ....

ä. ....   ö. ....

Lerntipp

Schreiben Sie Wörter mit den gleichen Änderungen im Stamm auf
eine Karteikarte – so bekommen sie schneller ein Gefühl für die
Wörter, die sich auf gleiche Weise verändern.

---

2. Pane annetut sanat oikeaan muotoon! Setzen Sie die angegebenen Wörter in der richtigen Formen ein!

a. Onko tämä kirja .... (sinä)?

b. Missä .... (te) auto on?

c. Mikä .... (tuo kiva tyttö) nimi on?

d. Onko tämä .... (Pekka) auto?

e. Mikä .... (tuo iso kauppa) nimi on?

f. Onko tämä .... (terveyskeskus) puhelinnumero?

g. .... (kuka) tämä kamera on?

h. Tässä on .... (me) mökki.

i. Lontoo on .... (Englanti) pääkaupunki.

j. Onko Tukholma .... (Suomi) pääkaupunki?

k. Ei ole. Se on .... (Ruotsi) pääkaupunki.

l. Tuolla on .... ja .... (Hanna/Otto) talo.

m. Mikä .... (tämä

suuri kaupunki) nimi on?

n. Tämä ei ole .... (kirjasto) puhelinnumero.

o. Onko se sitten .... (sairaala) puhelinnumero?

p. Onko tämä vanha kartta .... (Katri)?

q. Mikä .... (sinä) osoite on?

r. Tämä ei ole .... (minä) kampa.

s. Onko tuo .... (Hampuri) kaupungintalo?

t. Onko tämä .... (Oliver) kynä?

u. Se on .... (Michael) kynä.

v. .... (kuka) tämä kello on?

w. Mikä .... (tuo katu) nimi on?

x. Mikä .... (sinä) nimi on?

3. Muodosta lauseita:

Bilden Sie Sätze mit den aufgeführten Wörtern:

a. Oslo, olla, Norja, pääkaupunki ....

b. tämä, katu, nimi, olla, Asemakatu ....

c. tämä, kirja, olla, Leena ....

d. kuka, tuo, auto, olla? ....

e. olla, tämä, pöytä, sinä? ....

f. tuo, olla, talo, te? ....

g. minä, olla, sanakirja, tämä ....

h. olla, mikä, terveyskeskus, puhelinnumero? ....

....

4. Kysykää puhelinnumeroita ja osoitteita!

Fragen Sie nach Telefonnummern und Adressen!

Beispiel:
Mikä on Pekka Väätäisen puhelinnumero?

Se on .... Entä osoite? Se on ....

a. Pekka Väätäinen, Asemakatu 8 A 4, 70100 Kuopio, puh. 2634788

b. Timo Vuorela, Puistokatu 3 B 2, 70102 Kuopio, puh. 28625547

c. Merja Kivinen, Haapaniemenkatu 7 C 9, 70340 Kuopio, puh. 3658972

d. Jenny Airaksinen, Peipposentie 3, 70800 Kuopio, puh. 26112499

e. Riitta Hyvärinen, Satamakatu 4, 70110 Kuopio, puh. 4435892

5. Pane annetut sanat oikeaan muotoon! Setzen Sie die angegebenen Wörter in der richtigen Formen ein!

a. Me tavataan .... (Matti) luona.

b. Tavataanko me .... (hotelli) edessä?

c. Tavataan .... (Sokos) edessä!

d. Mari ja Mikko tapaavat .... (kirjasto) takana.

e. Me tavataan .... (museo) lähellä.

f. Pekka ja Leena tapaavat .... (sairaala) edessä.

g. Oletko usein .... (Timo) luona?

h. Kynä on .... (pöytä) alla.

i. Bussi on .... (tavaratalo) takana.

j. Terveyskeskus on .... (vanha kauppa) lähellä.

6. Kysykää pareittain: Missä sinä olet? Missä te olette?
Stellen Sie sich gegenseitig Fragen: Wo bist du? Wo seid ihr?

posti, asema, kirjasto, tori, tavaratalo, terveyskeskus, edessä, takana, luona, lähellä

7. Kysykää pareittain: Mitä sinä ostat? Mitä Te ostatte?
Stellen Sie Fragen: Was kaufst du? Was kaufen Sie?

kynä	matto	kartta	kirja	kello	kassi	auto
pöytä	banaani	mökki	sanakirja	appelsiini	kampa	kamera

8. Pane annetut sanat oikeaan muotoon! Setzen Sie die angegebenen Wörter in der richtigen Formen ein!

a. Minä ostan .... (kallis auto).

b. Ostatko sinä .... (banaani)?

c. Liisa ostaa .... (kaunis kukka).

d. Me ostamme .... (uusi vene).

e. He ostavat .... (pieni mökki).

f. Pekka ostaa .... (appelsiini).

g. Kuka ostaa .... (iso pöytä)?

h. Ostatteko te .... (sveitsiläinen kello)?

i. Minä ostan .... (suomalainen kirja).

j. Matti ostaa .... (saksalainen auto).

k. Me ostamme .... (uusi kartta).

l. Kari ja Minna ostavat .... (pieni lamppu).

m. Ostatteko te .... (hyvä televisio)?

9. Kysykää pareittain! Fragen Sie sich gegenseitig!

Beispiele:
Kenet tapaat ja missä? Tapaan Antin Wedelissä.
Tapaatko Heidin pankin edessä? En tapaa, tapaan hänet postin edessä.
Kenet tunnet? Tunnen Antin.

10. Lisää persoonapronominit (minä, sinä, hän ...) ja Matti ja Leena oikeassa muodossa lauseisiin!

Setzen Sie die Personalpronomina (minä, sinä, hän ...) und die Namen Matti und Leena in der richtigen Form ein!
Jeweils drei Sätze gehören zusammen:

minä: .... olen suomalainen. Tämä kirja on .... Tunnetko .... vielä?

sinä: Oletko .... Pekka? Tämä ei ole .... Tunnen ....

hän: .... ei ole kotona. Missä .... osoite on? Kaikki tuntevat ....

me: .... olemme suomalaisia. Onko tämä ....? Leena tuntee ....

te: Missä .... asutte? Luulen, että tämä on .... Pekka tapaa .... hotellissa.

Te: Oletteko .... herra Mäkinen? Mikä auto on ....? Otan .... mukaan.

he: .... ovat usein täällä. Onko tämä kirja ....? Tapaan ....
Hampurissa.

Leena: Onko tuo tyttö ....? Onko tämä .... kirja? Tunnetko sinä .... ?

Matti: Onko .... tuolla? Tässä on .... auto. Tapaan ....
huomenna.

11. Pane oikeaan muotoon!

Es gehören jeweils zwei Sätze zusammen. Setzen Sie die in Klammern stehenden Wörter in der richtigen Form ein!

a. Tuo iso rakennus on .... Tässä on ....

   puhelinnumero (terveyskeskus).

b. Tämä maa on .... pääkaupunki on Helsinki (Suomi).

c. .... olen suomalainen. .... nimi on Senja (minä).

d. Asutko .... Hampurissa? Onko tämä .... osoite (sinä)?

e. Saanko esitellä, tässä on .... auto on tuolla (Katri).

f. Onko tuo iso talo .... ? Me tapaamme .... edessä (Sokos).

g. .... olemme suomalaisia. Tuo mökki on .... (me).

h. Oletteko .... Jari ja Riitta Savolainen? Tuo talo on .... (te).

i. .... on Tuomiokirkko. ....

   .... nimi on Tuomiokirkko (tuo iso kirkko).

j. Tiedätkö, kuka .... on? Mikä ....

   .... nimi on (tuo saksalainen mies)?

k. Tässä on .... kamera. Mutta missä .... on (Leena)?

l. Tässä on minun .... Pekka ostaa ....

   .... (uusi kartta).

m. .... on kaunis. Ostatko sinä ....

   .... (tämä kukka)?

n. Tämä .... on hyvä. Haluatko sinä ostaa

   .... (saksalainen auto)?

o. Tuo vanhanaikainen rakennus on .... Me tavataan

   .... luona (museo).

p. Onko tuo ....? Liisa asuu .... lähellä (asema).

q. Parkkipaikka on .... takana. Sokos on iso suomalainen ....

.... (tavaratalo).

r. Tuo .... on kaunis. Minä ostan tuon .... (lamppu).

s. .... on japanilainen. Ostatko

sinä .... (tämä uusi kamera)?

12. Tässä on tähän asti opituista verbeistä kaksi muotoa, infinitiivi ja yks. 1. persoona. Etsi kunkin verbin muodot ja järjestele ne tyypeittäin (1 - 4)! Täydennä sitten alla olevat kysymyslauseet ja esitä kysymykset vierustoverillesi!

Hier finden Sie von den bislang gelernten Verben jeweils zwei Formen, die Grundform und die 1. Person Einzahl (ich-Form). Suchen Sie die zusammengehörigen Formen und ordnen Sie die Verben den Verbtypen 1 - 4 zu! Vervollständigen Sie dann die Fragesätze und stellen Sie die Fragen Ihrem Nachbarn!

puhua	luulla	tavata	olla	asun
tuntea	sanon	haluan	saan	olen
tietää	ostan	tapaan	haluta	saada
asua	tutustua	opin	ostaa	tunnen
ymmärtää	esittelen	luulen	tiedän	sanoa
ymmärrän	oppia	puhun	esitellä	tutustun

Verbtyp 1	Verbtyp 2	Verbtyp 3	Verbtyp 4
....	....	....	....
....	....	....	....
....	....	....	....
....	....	....	....
....	....	....	....
....	....	....	....
....	....	....	....
....	....	....	....
....	....	....	....

Kysymyksiä!

a. .... hän suomea? ....

b. .... hän uuden auton? ....

c. .... hän nyt englantia? ....

d. .... hän Berliinissä? ....

e. .... hän myös italiaa? ....

f. .... hän meidät? ....

g. .... hän aina »huomenta«? ....

h. .... hän, missä me asumme? ....

i. .... hän suomalainen? ....

j. .... hän minut? ....

k. .... hän, että sinä olet saksalainen? ....

l. .... hän Pekan kirjaston edessä? ....

13. Etsi sopivat vastaukset! Suchen Sie die passenden Antworten!

1. Ymmärrätkö sinä ruotsia?   ....

2. Tiedättekö te, missä Pekka asuu?   ....

3. Asuvatko Leena ja Kari Lahdessa?   ....

4. Oletteko Te saksalainen?   ....

5. Tietääkö Jussi, että tuo kirja on minun? ....

6. Luuletko, että tuo kynä on hyvä?   ....

7. Ostatko sinä uuden sanakirjan?   ....

8. Tapaatko sinä Leenan täällä?   ....

9. Ymmärtääkö Pekka saksaa?   ....

10. Asutko sinä usein hotellissa?   ....

11. Tiedätkö, onko Riitta kotona?   ....

12. Tapaavatko he usein?   ....

13. Ostatteko te mökin?   ....

14. Luuletteko, että hän on kirjastossa? ....

Antworten:

a. En tiedä.   b. En ymmärrä.   c. Eivät asu.   d. Emme tiedä.
e. En luule.   f. En ole.   g. En tapaa.   h. Ei tiedä.
i. Emme osta.   j. Eivät tapaa.   k. En asu.   l. Ei ymmärrä.
m. En osta.   n. Emme luule.

14. Muodosta kaikki persoonamuodot! Monikon ensimmäisessä persoonassa myös puhekielen muoto (tavataan – me tapaamme):

Bilden Sie die Formen für alle Personen, in der 1. Person Mehrzahl auch die umgangssprachliche Form

(tavataan – me tapaamme):

a.   luul/la, luulen 3 »glauben, vermuten, meinen«

luulen   en luule   luulenko

....

....

....

....

me luullaan   me ei luulla   .... me

....

....

b.   tava/ta, tapaan 4   »treffen«

....

....

....

....

me ....   me ei tavata   .... me

....

....

c.   tunte/a, tunnen 1 »kennen«

....

....

....

....

me ....   me ei tunneta   .... me

....

....

15. Käännä suomeksi! Übersetzen Sie ins Finnische!

a. Wo trefft ihr euch?
b. Wollen wir uns vor der Bibliothek treffen?
c. Ich treffe Pekka bei der Kirche.
d. Leena und Mika treffen sich hinter dem Warenhaus.
e. Meinst du, dass er zu Hause ist?
f. Ich vermute, dass er in Hamburg wohnt.
g. Ich vermute, dass jenes Haus ein Museum ist.
h. Meint ihr, dass Matti uns noch kennt?
i. Wir glauben nicht, dass er Englisch spricht.
j. Kennst Du uns noch?
k. Ich kenne Mika und Nina gut.
l. Natürlich kenne ich ihn!

16. Kertauskysymyksiä
Wiederholungsfragen

a. Kenen tuo sanakirja on?
b. Onko tämä kynä sinun?
c. Mikä sinun puhelinnumero on?
d. Mikä sinun osoite on?
e. Onko sinun puhelinnumero 5205685?
f. Kenen puhelinnumero on ....?
g. Mikä on Suomen pääkaupunki?
h. Onko Bonn Saksan pääkaupunki?
i. Mikä on tuon kivan naisen nimi?
j. Tiedätkö, mikä on poliisin puhelinnumero?
k. Missä me tavataan?
l. Mikä tämän kadun nimi on?
m. Tavataanko me aseman luona?
n. Ostatko sinä saksalaisen kellon?
o. Mitä sinä ostat?
p. Kuka ostaa uuden kartan?
q. Ostatko sinä mökin?
r. Millaisen television sinä ostat?
s. Missä te tapaatte?
t. Tunnetko sinä Julian?
u. Onko terveyskeskus vanhan kaupan luona?
v. Luuletko, että hän on kotona?
w. Luuletko, että Risto ja Marja puhuvat saksaa?
x. Tunnetko sinä Helsingin hyvin?
y. Millaisen auton sinä ostat?
z. Missä sinä tapaat Petran?
ä. Onko tämä Petran kello?
ö. Kenet tapaat huomenna?

C. Landeskunde

Eine »Bar«, *baari*, ist ein einfaches Restaurant (heute meist Tankstellen angeschlossen), in dem man günstig essen und Kaffee oder Bier trinken kann. Dort gibt es mittags zwischen 11 und 14 Uhr – ähnlich wie ein Stammessen oder Tagesgericht in deutschen Restaurants – ein warmes Mittagessen, *lounas*, das sehr preisgünstig und gut ist. *Lounas* wird inzwischen auch in vielen Restaurants angeboten.

In Hotels und Restaurants bekommt man in der *baari* alkoholische Getränke.

Wenn Sie an der Süd- oder Westküste Finnlands unterwegs sind, finden Sie immer wieder Schilder mit *BAR BAARI*! Keine Angst – Sie sind nicht unter den Barbaren gelandet. Wie Sie sicherlich wissen, ist Schwedisch in Finnland die zweite offizielle Sprache, und in Orten, in denen Schwedisch und Finnisch gesprochen wird, ist alles zweisprachig ausgeschildert. Spricht die Mehrheit eines Ortes Schwedisch als Muttersprache, steht die schwedische Bezeichnung vor der finnischen.

D. Sanasto

kenen (*zu:* kuka)	wessen
Kenen tämä on?	Wessen ist dies? Wem gehört dies?
Matti, Matin, Mattia	Matti
kirja, -n, -a	Buch
Pekka, Pekan, Pekkaa	Pekka
tuo, tuon, tuota	jenes
saksalai|nen, -sen, saksalaista	deutsch, Deutsche/r
mies, miehen, miestä	Mann
Manfred, Manfredin, Manfredia	Manfred
sinun (*zu:* sinä)	dein, deine, dein
minun (*zu:* minä)	mein, meine, mein
hänen (*zu:* hän)	ihr/sein
meidän (*zu:* me)	unser
teidän/Teidän (*zu:* te)	euer/Ihr
heidän (*zu:* he)	ihr/sein
Kenen vuoro nyt on?	Wer ist jetzt dran?
minkä (*zu:* mikä)	von welchem, welchen
Minkä maan pääkaupunki ...?	Welchen Landes Hauptstadt ...?
pää|kaupunki, -kaupungin, -kaupunkia	Hauptstadt
Helsinki, Helsingin, Helsinkiä	Helsinki
(kauppa)tori, -n, -a	Markt(platz)

suuri, suuren, suurta	groß
sen (*zu:* se, sen, sitä)	sein/ihr (bei Sachen, Tieren)
katu, kadun, katua	Straße
luvut (*zu:* luku, luvun, lukua)	die Zahlen
nolla, -n, -a	null
yksi, yhden, yhtä	eins
kaksi, kahden, kahta	zwei
kolme, -n, -a	drei
neljä, -n, -ä	vier
viisi, viiden, viittä	fünf
kuusi, kuuden, kuutta	sechs
seitsemän, seitsemän, seitsemää	sieben
kahdeksan, kahdeksan, kahdeksaa	acht
yhdeksän, yhdeksän, yhdeksää	neun
kymmenen, kymmenen, kymmentä	zehn
osoite, osoitteen, osoitetta	Adresse
puhelinnumero, -n, -a	Telefonnummer
sitten	dann
Tavataan!	Lass uns treffen! Wir treffen uns!

edessä (Gen. + edessä)	vor; ohne Gen.: vorn
Mäkisellä	bei Mäkinen (am Telefon)
puhelimessa	am Telefon, am Apparat
puhelin, puhelimen, puhelinta	Telefon
sehän kiva	Das ist ja schön.
olisi	es wäre
tavata, tapaan 4	sich treffen
niin olisi	ja, stimmt, so wäre es
Missä tavataan?	Wo wollen wir uns treffen?
milloin	wann
kello viisi	um fünf
Selvä! (zu: selvä, -n, -ä)	Okay, klar, in Ordnung! klar, deutlich
lähellä (Gen. + lähellä)	in der Nähe
takana (Gen. + takana)	hinter; ohne Gen.: hinten
ollaan, me ollaan	wir sind (umgangsspr.)
asutaan, me asutaan	wir wohnen (umgangsspr.)
luona (Gen. +luona)	bei
koira, -n, -a	Hund
alla (Gen. + alla)	unter
ostaa, ostan 1	kaufen
matto, maton, mattoa	Teppich
kirjakaupassa	im Buchladen
kenet (zu: kuka, kenen)	wen
Kenet tapaat?	Wen triffst du?
hänet (zu: hän, hänen)	ihn/sie

tuntea, tunnen 1	kennen
minut (zu: minä, minun)	mich
sinut (zu: sinä, sinun)	dich
meidät (zu: me, meidän)	uns
luulla, luulen 3	glauben, vermuten, meinen
teidät/Teidät (zu: te, teidän)	euch, Sie
heidät (zu: he, heidän)	sie
Tavataanko ...?	Wollen wir uns ... treffen?
tämä, -n, tätä	dieser, diese, dieses
hotelli, -n, -a	Hotel
kassi, -n, -a	Tasche
banaani, -n, -a	Banane
sveitsiläi|nen, -sen, sveitsiläistä	schweizerisch, Schweizer, -in
suomalai|nen, -sen, suomalaista	finnisch, Finne, -in
kaikki	alle
mukaan	mit
ottaa, otan 1	nehmen
parkki|paikka, -paikan, -paikkaa	Parkplatz
Lahdessa	in Lahti
kirjastossa	in der Bibliothek
vielä	noch
huomenna	morgen

Kahdeksas kappale
Achte Lektion

A. Dialogeja

1. Ovatko tytöt täällä? Sind die Mädchen hier?

— Ovatko tytöt täällä?
— Pienet tytöt ovat ulkona.
— Entä isot tytöt?
— He istuvat tuolla.

Puhuvatko saksalaiset englantia?

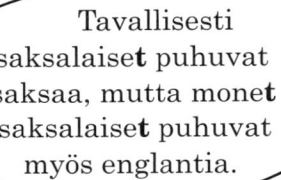

Tavallisesti saksalaiset puhuvat saksaa, mutta monet saksalaiset puhuvat myös englantia.

S: Kuka tuo poika on?
P: Hän on Lasse. Entä tuo toinen poika?
S: Toisen pojan nimi on Bosse.
P: Mitä kieltä **nuo** pojat puhuvat?
S: Luulen, että he puhuvat ruotsia.

Mitä kieltä englantilaiset puhuvat?

Englantilaiset puhuvat englantia.

B: Ovatko **nämä** kirjat sinun?
M: Eivät ole, **ne** ovat Leenan.
B: Ovatko **nämä** kartat sinun?
M: Ovat.
B: Kenen **nuo** kynät ovat?
M: **Ne** ovat minun.

Die hinweisenden Prono-
mina lauten in der freien
Umgangssprache oft *nää*
statt *nämä* und *noi* statt *nuo*.

– Missä autot ovat?
– Punaiset autot.
– Mikä Sokos on?

– Mitkä autot?
– **Ne** ovat tuolla Sokoksen takana.
– Sokos on tavaratalo.

– Missä uudet sanakirjat ovat?
– **Ne** ovat tuolla pöydällä.
– Entä vanhat sanakirjat?
– En tiedä, missä **ne** ovat.

– Ovatko **nämä** rakennukset Kuopiossa?
– Kyllä ovat.

– Ovatko **nuo** kirkot Hampurissa?
– Eivät ole.
– Missä **ne** ovat?
– Ne ovat Kölnissä.
– Entä ovatko **nämä** hotellit Hampurissa?
– Kyllä ovat.

– Missä banaanit ja appelsiinit ovat?
– Banaanit ovat täällä, mutta en tiedä, missä appelsiinit ovat.
– Appelsiinit ovat tuolla.

S: Mitkä ovat viikonpäivät?
B: **Ne** ovat maanantai, tiistai, keskiviikko, torstai, perjantai, lauantai ja sunnuntai.
S: Mikä päivä tänään on?
B: Tänään on tiistai.
S: Entä huomenna?
B: Huomenna on keskiviikko.

2. Minä tunnen nuo tytöt. Ich kenne jene Mädchen.

– Minä tunnen **nuo** tytöt.
– Keitä he ovat?
– He ovat Mari ja Anne Salonen.

– Tunnetko **nuo** saksalaiset?
– En. Tunnetko sinä heidät?
– Tunnen, he ovat Gisela ja Harald.
– Puhuvatko he suomea?
– He puhuvat vähän suomea.

– Tunnetko meidät?
– Tietysti tunnen teidät!
– Tunnetko kaikki Saksan kaupungit?
– Tunnen vain isot kaupungit.
– Missä tapaat Heidin ja Riston?
– Tapaan heidät kirjastossa.

– Kuka ottaa **nuo** pojat mukaan?
– Keitä he ovat?
– He ovat Olli ja Pekka.
– Minä voin ottaa heidät.

– Otatko sinä **nämä** appelsiinit?
– Otan.
– No minä otan sitten **nuo** banaanit!
– Saanko ottaa **nuo** kirjat?
– Saat tietysti.
– Kenen **ne** ovat?
– **Ne** ovat minun.

– Ostatko sinä sanakirjat?
– Ostan.
– Entä kuka ostaa kukat?
– Minä voin ostaa myös kukat.

Vgl. dazu Übung 1-2,
Wiederholungsübungen
3-13.

B. Harjoituksia

1. Etsi dialogeista substantiivien ja adjektiivien monikkomuodot! Miten monikko muodostetaan?

Suchen Sie aus den Dialogen die Mehrzahlformen der Haupt- und Eigenschaftswörter heraus und schreiben Sie sie auf. Wie wird die Mehrzahl gebildet?

z. B. tyttö – tytön → tytö + **t** das Mädchen – des Mädchens – die Mädchen
pieni – pienen → piene + **t** klein – des kleinen ... – die kleinen ...

a. ....

b. ....

c. ....

d. ....

e. ....

f. ....

g. ....

h. ....

2. Kirjoita nämä lauseet monikossa:

Schreiben Sie die Sätze in der Mehrzahl:

z.B. *Tämä kaupunki on* Suomessa.   Nämä kaupungit ovat Suomessa.

a. *Kirja on* kassissa. ....

b. *Pieni tyttö on* kotona. ....

c. *Kiva poika on* tuolla. ....

d. *Tuo vanha kaupunki on* Saksassa. ....

e. *Pieni punainen auto on* Matin. ....

f. *Tämä kiva rouva on* postin edessä. ....

g. *Keltainen banaani on* meidän. ....

h. *Pieni sanakirja on* heidän. ....

i. *Tämä oppikirja on* minun. ....

j. *Hyvä kartta on* Marionin. ....

k. *Tuo kirkko on* Hampurissa. ....

l. *Mies on* ulkona. ....

m. Tyttö ostaa *kynän*. ....

n. Tunnetko *tuon saksalaisen*? ....

o. Minä ostan *kartan*. ....

3. Tässä ovat vastaukset: Kirjoita kysymykset!
Hier sind Antworten, schreiben Sie dazu passende Fragen auf!

a. Minä olen suomalainen. ....

b. Asun Hampurissa. ....

c. Olen ammatiltani opettaja. ....

d. Puhun saksaa ja suomea. ....

e. Hän on Leena. ....

f. Kyllä, hän asuu Helsingissä. ....

g. Hän on oikein mukava. ....

h. He ovat saksalaisia. ....

i. Valitettavasti en ymmärrä saksaa. ....

j. Se on sanakirja. ....

k. Lahti on kiva kaupunki. ....

l. Sokos on iso tavaratalo. ....

m. Se on Heikin auto. ....

n. Kyllä, se on meidän. ....

o. Helsinki on Suomen pääkaupunki. ....

p. Se on Tiinan puhelinnumero. ....

q. Minun osoite on Tupatie 3. ....

r. Tavataan tavaratalon edessä! ....

s. Minä ostan uuden sanakirjan. ....

t. Hän on Pekan luona. ....

u. Kyllä, tunnen Timon. ....

v. Ranskalaiset puhuvat ranskaa. ....

w. Uudet kynät ovat tuossa.   ....

x. Minä ostan kukat.   ....

y. Minä tunnen nuo tytöt.   ....

z. He ovat Sirkka ja Kaisa.   ....

4. Pane annetut sanat oikeaan muotoon! Setzen Sie die angegebenen Wörter in der richtigen Form ein!

a. .... (tietää) sinä, missä Leena asuu? b. Valitettavasti minä ....

.... (ei, tietää), mutta Mikko ja Pekka .... (tietää).

c. .... (ymmärtää) te englantia? d. Kyllä .... (ymmärtää).

e. .... (tuntea) te Maritan? f. Me .... (tuntea) hänet hyvin.

g. Missä sinä .... (tavata) Riitan? h. Me .... (tavata) kirjastossa.

i. ....(tavata) hotellin edessä? j. Selvä, ... (tavata)

   hotellin edessä!

k. .... (tavata) sinä heidät Hampurissa? l. .... (ei),

   .... (tavata) heidät Helsingissä.

m. .... (olla) tämä kirja sinun? n. .... (ei, olla),

   .... (luulla), että se on Peterin.

o. .... (ottaa) minut mukaan? p. Tietysti .... (ottaa).

q. Mitä sinä .... (ostaa)? r. .... (ostaa) kirjan.

5. Mitä seuraavat sanat/ilmaisut ovat suomeksi?

Wie heißen die folgenden Wörter/Ausdrücke auf Finnisch? Die erste Zahl gibt an, wie viele Buchstaben insgesamt vorhanden sind, die zweite Zahl, welchen Buchstaben Sie benötigen, um das »Rätsel« zu lösen.

a. jung 5/1 ....   b. dieser 4/2 ....

c. gut 4/1 ....   d. des Tisches 6/4 ....

e. du 4/4 ....   f. was 4/4 ....

g. jetzt 3/1 ....

h. treffen 6/1 ....   i. alt 5/2 ....

j. nett 4/4 ....   k. danke 6/6 ....

l. Gesundheitszentrum 13/7 ....   m. ich spreche 5/2 ....

n. Finnland 5/3 ....   o. welcher/was 4/1 ....

p. klein 5/3 ....   q. ich kenne 6/3 ....

r. Stadt 8/1 ....   s. neu 4/2 ....

t. Bibliothek 8/3 ....   u. Wörterbuch 9/1 ....

v. ich kaufe 5/2 ....   w. oft 5/4 ....

x. Telefon 7/5 ....   y. bei 5/1 ....

z. ich treffe 6/4 ....

6. Esittele joku henkilö ja kerro mahdollisimman paljon hänestä!

Stellen Sie eine Person vor und erzählen Sie möglichst viel von ihr!

7. Tässä ovat Mikko Miettisen henkilötiedot. Esittele hänet!

Hier sind die Personalien von Mikko Miettinen. Stellen Sie ihn vor!

Nimi: Mikko Miettinen
Asuinpaikka: Tampere
Kansallisuus: suomalainen
Ammatti: ohjelmoija
Kielet: suomi, saksa, englanti, ruotsi, venäjä

8. Muodosta kielteiset muodot!

Bilden Sie die verneinenden Formen!

a. hän asuu ....

b. olemme ....

c. sinä puhut ....

d. te asutte ....

e. ymmärrän ....

f. tapaan ....

g. olen ....

h. Pekka tuntee ....

i. he tapaavat ....

j. he ymmärtävät ....

k. asutko? ....

l. luulen ....

9. Lisää lauseisiin sopiva kysymyssana – *monesko, missä, mikä, millainen, keitä, mitä*!

Setzen Sie das fehlende Fragewort - *monesko, missä, mikä, millainen, keitä* oder *mitä* - ein und beantworten Sie die Fragen:

a. .... te olette? ....

b. .... kaupunki Berliini on? ....

c. .... terveyskeskus on saksaksi? ....

d. .... hän asuu? ....

e. .... hän on ammatiltaan? ....

f. .... päivä tänään on? ....

10. Lisää verbi oikeassa muodossa lauseisiin ja vastaa kysymyksiin!

Wählen Sie aus den unten angegebenen Verben ein passendes aus, bilden Sie die richtige Form, sodass jeweils eine sinnvolle Frage entsteht, und beantworten Sie die Frage!

tuntea, tavata, asua, olla, tietää, luulla, ostaa, puhua, ymmärtää

a. ...., missä Pekka asuu? ....

b. .... hän suomea? ....

c. .... hän ammatiltaan insinööri? ....

d. .... he Helsingissä? ....

e. .... te myös englantia? ....

f. .... Pekan kirjastossa? ....

g. .... hän, että me olemme saksalaisia? ....

h. .... sinä nuo tytöt? ....

i. .... he uuden veneen? ....

11. Pane annetut sanat oikeaan muotoon!

Setzen Sie die angegebenen Wörter in der richtigen Form ein!

a. *sinä*

Oletko .... saksalainen?

Onko Pekka .... ystävä?

b. *kuka*

.... tuo pieni tyttö on?

.... te olette?

.... tämä kirja on?

c. *uusi vene*
Tässä on meidän ....

Me ostamme ....

d. *ruotsalainen mies*
Tunnetko sinä tuon ....?

Kuka tuo .... on?

Onko tämä tuon .... auto?

e. *tavaratalo*
Voimmeko tavata .... edessä?

Mikä tuon .... nimi on?

Millainen tuo .... on?

f. *Hampuri*
Millainen kaupunki .... on?

Asuuko hän ....?

Me asumme .... lähellä.

12. Muodosta lauseita!

Bilden Sie aus den angegebenen Wörtern Sätze!

a. me, olla, talo, tämä   ....

b. kuka, tuo, mökki, olla   ....?

c. pöytä, kynä, olla, alla, tuo   ....

d. hotelli, edessä, tavata ....?

e. sinä, ammatti, mikä, olla ....?

f. ostaa, uusi, me, kartta ....

g. kukka, mikä, tuo, nimi, kaunis, olla ....?

h. Tampere, Katri, asua, nyt ....?

13. Kertauskysymyksiä
Wiederholungsfragen

a. Missä pienet tytöt ovat? ....

b. Mitä kieltä ranskalaiset puhuvat? ....

c. Ovatko nämä kynät sinun? ....

d. Missä nuo hotellit ovat? ....

e. Asuvatko nuo suomalaiset Hampurissa? ....

f. Kenen nämä kirjat ovat? ....

g. Tunnetko sinä nämä rakennukset? ....

h. Missä sinä tapaat nuo naiset? ....

i. Mikä päivä tänään on? ....

j. Mitkä ovat viikonpäivät? ....

k. Tunnetko kaikki Euroopan pääkaupungit? ....

l. Ostatko sinä kartat? ....

m. Ovatko miehet vielä ulkona? ....

n. Missä naiset ovat? ....

o. Ovatko nämä vanhat sanakirjat teidän? ....

p. Kenen nuo banaanit ovat? ....

q. Tapaammeko heidät kirjaston edessä? ....

r. Ovatko kirjat kassissa? ....

s. Saanko ottaa nuo appelsiinit? ....

t. Puhuvatko nuo pojat ruotsia? ....

u. Ovatko tytöt kotona? ....

C. Landeskunde

Die Ladenöffnungszeiten sind in Finnland sehr großzügig. Die meisten Geschäfte sind wochentags von 9-21 Uhr und samstags von 9-18 Uhr offen. In den Sommermonaten haben viele Geschäfte sogar sonntags geöffnet, dann meist von 12-16 Uhr.

Lebensmittel und Artikel des täglichen Bedarfs kann man außerdem an vielen Tankstellen rund um die Uhr kaufen. Darüber hinaus gibt es Kioske, z.B. den vielerorts zu findenden »R-Kioski«, wo neben Zeitungen und Zeitschriften, Süßigkeiten, Tabakwaren usw. auch Grundnahrungsmittel angeboten werden. Die Kioske sind bis zum späten Abend und auch an Wochenenden geöffnet.

D. Sanasto

istua, istun 1	sitzen	tiistai, -n, -ta	Dienstag
moni, monen, monta	mancher	keski|viikko, -viikon, -viikkoa	Mittwoch
monet	viele, manche		
toi|nen, -sen, toista	der andere; der zweite	torstai, -n, -ta	Donnerstag
kieltä (zu: kieli, kielen, kieltä)	Sprache	perjantai, -n, -ta	Freitag
		lauantai, -n, -ta	Samstag
mitä kieltä?	welche Sprache?	sunnuntai, -n, -ta	Sonntag
nuo (zu: tuo, -n, -ta)	jene (Mehrzahl von tuo)	tänään	heute
nämä (zu: tämä, -n, tätä)	diese (Mehrzahl von tämä)	kaikki	alle
ne (zu: se, -n, sitä)	sie (Mehrzahl von se)	ottaa, otan 1	nehmen
mitkä (zu: mikä, minkä, mitä)	welche (Mehrzahl von mikä)	mukaan	mit (irgendwohin)
		no	na
punai|nen, -sen, punaista	rot	saada, saan 2	dürfen, bekommen
		kassissa	in der Tasche
pöydällä	auf dem Tisch	keltai|nen, -sen, keltaista	gelb
Kölnissä	in Köln		
viikonpäivä, -n, -ä	Wochentag	oppikirja, -n, -a	Lehrbuch
maanantai, -n, -ta	Montag	ystävä, -n, -ä	Freund, -in

Yhdeksäs kappale
Neunte Lektion

A. Dialogeja

1. Missä sinä asut? Wo wohnst du?

– **Missä** sinä asut?
– Asun Lahde**ssa**.
– Entä te, **missä** te asutte?
– Me asumme Tamperee**lla**.
– **Missä** Heikki asuu?
– Hän asuu hotelli**ssa**.
– **Missä** hotelli on?
– Se on Puistokadu**lla**.

– Mi**ssä** kaupungi**ssa** Pekka asuu?
– Hän asuu Kuopio**ssa**.
– **Millä** kadu**lla** hän asuu?
– Kasarmikadu**lla**.
– Mi**ssä** maa**ssa** Kuopio on?
– Kuopio on Suome**ssa**.

– Tä**ssä** kuva**ssa** on kirkko. Mi**ssä** kaupungi**ssa**
  tämä kirkko on?
– Se on Helsingi**ssä**.
– Mikä kirkko se on?
– Se on Helsingin tuomiokirkko.

2. Missä olet työssä? Wo arbeitest du?

> **Missä** sinä olet työssä?

> Oletko ammatiltasi lääkäri?

> Olen työssä sairaalassa.

> En ole. Olen sairaanhoitaja.

M: **Missä** Pekka on työssä?
A: Pekka on työssä tavaratalossa. Hän on myyjä.
M: Entä Leena?
A: Leena on opettaja. Hän on työssä koulussa.
M: Entä mikä Risto on ammatiltaan?
A: Hän on ammatiltaan poliisi. Hän on työssä poliisiasemalla.
M: Millä kadulla poliisiasema on?
A: Se on Tulliportinkadulla.
M: Onko Tiina työssä pankissa?
A: On.
M: Onko hän pankkivirkailija?
A: Ei ole. Tiina on pankinjohtaja.

3. Mistä sinä olet kotoisin? Wo kommst du her?

– **Mistä** olet kotoisin?
– Olen kotoisin Lahdesta.
– Olet siis lahtelainen!
– Niin olen.
– Onko Merja myös kotoisin Lahdesta?
– Ei, hän on kotoisin Tampereelta. Hän on tamperelainen.

– **Mistä** tulet?
– Tulen Oulusta.
– Tuleeko Mari myös Oulusta?
– Ei, hän tulee Rovaniemeltä.

4. Minne matkustat? Wohin reist du?

– **Minne** matkustat?
– Matkustan Kuopioon.
– Matkustatteko te kaikki Kuopioon?

– Emme, Leena ja Mari matkustavat Porvoo**seen** ja Jussi ja Pekka
  matkustavat Joensuu**hun**.
– Entä Marja, **minne** hän matkustaa?
– Hän matkustaa ensin Tampereel**le** ja sitten Rovaniemel**le**.

– **Minne** sinä menet?
– Menen asemal**le**.
– Entä sitten?
– Asema**lta** menen tori**lle** ja tori**lta** kirjasto**on**. Entä sinä?
– Minä menen ensin museo**on** ja sitten kauppa**an**.
– No nähdään sitten myöhemmin! Hei hei!
– Hei hei!

5. Tiedätkö, missä kirja on? Weißt du, wo das Buch ist?

– Tiedätkö, **missä** kirja on?
– Mikä kirja?
– Leenan uusi sanakirja.
– Se on tuo**ssa** lauku**ssa**.
– Voitko ottaa sen lauku**sta**?
– Hetkinen. Se ei ole kuitenkaan tä**ssä** lauku**ssa**.
  En ymmärrä. Minä panen aina kirjan laukku**un**.
  Missä se voi olla?
– No jos se ei ole lauku**ssa**, ehkä se on pöydä**llä**.
– Mi**llä** pöydä**llä**?
– Tuo**lla** piene**llä** pöydä**llä**.
– Niinpä onkin.
– Voitko ottaa kirjan pöydä**ltä** ja antaa sen minu**lle**?
– Tässä, ole hyvä. Pane se sitten takaisin pöydä**lle**!

6. Missä, mistä, minne? Wo, woher, wohin?

a. **Missä** kirja on? Wo ist das Buch?

Kirja on lauku**ssa**. Das Buch ist in der Tasche.
Kirja on pöydä**llä**. Das Buch ist auf dem Tisch.

b. **Mistä** otat kirjan?   Woher nimmst du das Buch?

Otan kirjan lauku**sta**.   Ich nehme das Buch aus der Tasche.
Otan kirjan pöydä**ltä**.   Ich nehme das Buch vom Tisch.

c. **Minne** panet kirjan?   Wohin legst du das Buch?

Panen kirjan laukku**un**.   Ich stecke das Buch in die Tasche.
Panen kirjan pöydä**lle**.   Ich lege das Buch auf den Tisch.

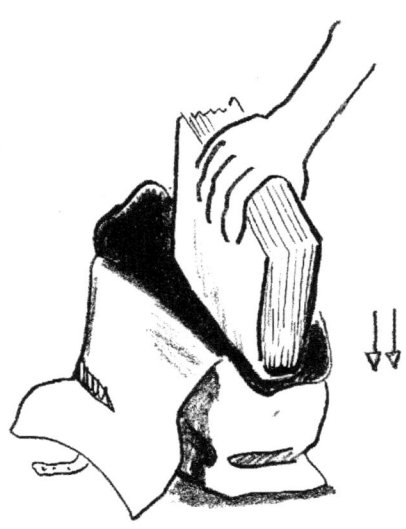 

B. Harjoituksia

1. Etsi dialogeista vastaukset kysymyksiin *missä*, *mistä, minne.* Tarkastele muotoja! Mitä voit todeta?

Stellen Sie aus den Dialogen die Antworten auf die Fragen *missä* »wo?«, *mistä* »woher?« und *minne* »wohin?« zusammen und betrachten Sie die Formen. Was stellen Sie fest?

a. Missä?

....
....
....
....
....
....
....

b. Mistä?

....
....
....
....
....
....
....
....

c. Minne?

....
....
....
....
....
....
....
....

Yhdeksäs kappale

2. Tässä on sanamuotoja, jotka vastaavat kysymyksiin *missä – mistä – minne*. Erota päätteet ja määrittele, mihin kysymykseen muoto antaa vastauksen:

Hier sind Formen, die auf die Fragen *missä* – »wo«, *mistä* – »woher«, *minne* – »wohin« antworten.

Trennen Sie jeweils die Endung ab und bestimmen Sie, auf welches Fragewort mit der Form geantwortet wird:

z. B. kirjasto | ssa – missä – in der Bibliothek

a. kirjastossa		b. asemalla	
c. torilta		d. baariin	
e. torilla		f. metsästä	
g. asemalta		h. tuolilla	
i. hotellissa		j. laukussa	
k. metsään		l. pöydälle	
m. kirjastoon		n. torille	
o. metsässä		p. baarissa	
q. hotellista		r. laukkuun	
s. pöydältä		t. asemalle	
u. pöydällä		v. tuolilta	
w. baarista		x. hotelliin	
y. kirjastosta		z. laukusta	
ä. tuolille			

3. Pane suluissa olevat sanat oikeaan muotoon!

Setzen Sie die in Klammern stehenden Wörter in der richtigen Form ein!

a. Missä:

1. Minä olen .... (kirjasto). 2. Kirjat ovat ....
(laukku). 3. Tapaan Pekan .... (asema). 4. Onko koira vielä
.... (metsä)? 5. Ovatko he .... (tori)? 6. Uusi sanakirja
on .... (pöytä). 7. Kartta on .... (tuoli).
8. Tavataan .... (baari)! 9. Me asumme .... (tuo hotelli).

b. Mistä:

1. Tuletko sinä .... (kirjasto)? 2. Voitko ottaa kirjat ....
(laukku)? 3. .... me menemme kotiin (asema). 4. Koira tulee .... (metsä).
5. Tulen juuri .... (tori). 6. Otan uuden sanakirjan .... (pöytä).
7. Kuka ottaa kartan .... (tuoli)? 8. Minne menemme ....
(baari)? 9. Kuka tulee juuri ulos .... (hotelli)?

c. Minne:

1. Leena menee ....(kirjasto). 2. Minä panen kirjat aina ....
(laukku). 3. Menemmekö ....(asema)? 4. Menen koiran kanssa ....
(metsä). 5. Mennään .... (tori)! 6. Voitko panna sanakirjan ....
(pöytä) ja kartan ....(tuoli)? 7. Pekka ja Heikki menevät ....
.... (tuo baari). 8. Tulevatko he myös ....
(tämä hotelli)?

4. -ssa/-ssä vai -lla/-llä? -ssa/-ssä oder -lla/-llä?

a. Kirja on lauku.......... b. Kassi on auto......... c. Laukku on tuoli......... d. Kirja on iso..........
pöydä.......... e. Liisa on teatteri........... f. Hilkka on posti............ g. Kartta on tuoli...............
h. Sanakirja on piene.......... pöydä......... i. Lamppu on suure......... pöydä.......... j. Talo on kau-
pungi.......... k. Tuo kirkko on Hampuri............ l. Tämä kirkko on Helsingi..........., mutta tuo
kirkko on Tamperee.......... m. Helsinki on Suome........... n. Tukholma on Ruotsi........... o. Oslo
on Norja............ p. Kööpenhamina on Tanska......... q. Berliini on Saksa........... r. Varsova on
Puola........... s. Rooma on Italia............ t. Budapest on Unkari.......... u. Pariisi on Ranska...........
v. Lontoo on Englanni............ w. Dublin on Irlanni.........

5. Pane suluissa olevat sanat oikeaan muotoon!
Setzen Sie die in Klammern stehenden Wörter in der richtigen Form ein!

1. Minä olen .... (Helsinki). 2. Missä .... (kaupunki) sinä olet? 3. Onko Leena usein .... (Tukholma)? 4. Missä .... (maa) Hampuri on? 5. Oletko sinä .... (kauppa)? 6. Kaisa on nyt .... (museo). 7. Kirjakauppa on .... (Asemakatu). 8. Millä .... (katu) koulu on? 9. Onko tuo talo .... (Lontoo)? 10. Missä .... (kassi) kirja on? 11. Se on .... (tämä kassi). 12. Onko sanakirja .... (tuo pöytä)? 13. Ei, se on .... (tuo pieni tuoli). 14. Onko Liisa usein .... (Englanti)? 15. Ei ole, mutta hän on usein .... (Islanti). 16. Onko tuo kirkko .... (Puola)? 17. Kyllä, se on .... (Varsova). 18. Onko Pekka nyt .... (Rovaniemi)? 19. Ei ole, hän on .... (Tampere). 20. Missä .... (maa) Moskova on? 21. Se on .... (Venäjä). 22. Onko Lappeenranta myös .... (Venäjä)? 23. Ei, vaan .... (Suomi). 24. Onko Päivi usein .... (teatteri)? 25. Pekka on usein .... (hotelli). 26. Missä talo on? Se on .... (tuo iso metsä). 27. Onko tuo iso metsä .... (Saksa)? 28. Ei ole, se on .... (Suomi). 29. Onko Oslo .... (Norja)? 30. Onko kartta .... (kassi)? 31. Ei ole. Se on .... (pöytä). 32. Millä .... (pöytä) kartta on? 33. Se on .... (tuo pöytä). 34. Millaisella .... (pöytä) kartta on? 35. Se on .... (pieni pöytä). 36. Tyttö on .... (suuri hotelli). 37. Onko hotelli tässä .... (kaupunki)? 38. Onko sanakirja .... (kassi)? 39. Kyllä, se on .... (tämä punainen kassi). 40. Oletko sinä nyt .... (Rooma)? 41. Kyllä olen. Kuka .... (tuo kuva) on? 42. Siinä on Leena. Missä Leena on .... (tuo kuva)? 43. Hän on .... (Joensuu). 44. .... (mikä maa) Joensuu on? 45. Se on tietenkin .... (Suomi). 46. Koira tulee .... (metsä). 47. Hän tulee .... (sauna). 48. Hän on kotoisin .... (Kuopio). 49. Mistä .... (kaupunki) te tulette?

50. Me tulemme .... (Joensuu). 51. Ovatko Päivi ja Pekka kotoisin

.... (Köln)? 52. Eivät ole, he ovat kotoisin .... (Turku). 53. Mat-

kustatteko te .... (Suomi)? 54. Emme, matkustamme............................

(Ruotsi). 55. Ulla ja Matti matkustavat.. (Englanti). 56............................

.... (mikä kaupunki) he menevät? 57. He menevät ....

(Lontoo). 58. Menemme ensin .... (Tampere) ja sitten

.... (Jyväskylä).

6. **Muodosta lauseita (*missä – mistä – minne*). Käytä eri persoonia ja verbejä *olla, mennä, tulla* ja *matkustaa*.**

Bilden Sie Sätze mit *missä – mistä – minne*. Benutzen Sie verschiedene Personen und die Verben *olla, asua, mennä, tulla* und *matkustaa* bejahend und verneinend. Denken Sie daran: Die kursiv gedruckten Wörter erhalten die äußeren Lokalfälle.

z. B.   olen saunassa – tulen saunasta – menen saunaan
        olemme torilla – tulemme torilta – menemme torille

sauna, kirjasto, baari, bussi, metsä, työ, kaupunki, kirkko, satama, tavaratalo, kukkakauppa, pankki Joensuu, Hampuri, Lontoo, München

tori, asema, katu, tie, lentokenttä, pysäkki, poliisiasema, huoltoasema, Tampere, Rovaniemi, Vantaa, Kerava

7. **Kysykää toisiltanne! Käyttäkää kysymyssanoja missä, mistä, minne ja kysymyspartikkelia -ko/-kö!**

Fragen Sie sich gegenseitig! Benutzen Sie die Fragewörter missä, mistä, minne und die Fragepartikel -ko/-kö!

Beispiele:
Missä asut? Mistä olet kotoisin? Minne matkustat? Asutko Puistokadulla? Oletko kotoisin Berliinistä? Matkustatko Suomeen? Missä maassa Mika asuu? Missä kaupungissa tuo museo on? Millä kadulla posti on?

8. Kysykää henkilöiden nimiä ja ammatteja! Missä he ovat työssä? Missä heidän työpaikkansa on?

Fragen Sie nach folgenden Personen. Was machen sie beruflich? Die kursiv gedruckten Wörter erhalten die äußeren Lokalfälle.

Beispiele:
Kuka tuo kiva rouva on? Hän on rouva Mäkinen.
Mikä hän on ammatiltaan? Hän on asianajaja.
Missä hän on työssä? Hän on työssä toimistossa.
Missä toimisto on? Se on Kuopiossa.
Millä kadulla toimisto on? Se on Suokadulla.

Henkilöitä Personen
rouva Mäkinen,
rouva Nieminen
herra Jokela
herra Saarinen
Liisa, Maija
Leena, Pekka
Matti, Hannu
Otto, Jorma

Kaupunkeja Städte
Kuopio, Porvoo
Joensuu, Lieksa
Turku, Tampere
Rovaniemi
Kajaani, Oulu
Jyväskylä
Riihimäki

Katuja Straßen
Asemakatu
Tulliportinkatu
Kasarmikatu
Kauppakatu
Satamakatu
Suokatu
Kirkkokatu
Puistokatu
Vuorikatu
Minna Canthin katu
Kuninkaankatu

Ammatteja Berufe
sairaanhoitaja
virkailija
lääkäri, insinööri
myyjä, sihteeri
opettaja
ohjelmoija, poliisi
autonasentaja
asianajaja
pankinjohtaja

Työpaikkoja Arbeitsstellen
sairaala, toimisto
pankki, posti
terveyskeskus
kauppa, tavaratalo
kirjakauppa
kukkakauppa, kirjasto
koulu, korjaamo
asema, huoltoasema
poliisiasema

9. Kysykää toisiltanne! Fragen Sie sich gegenseitig!

z.B.:

Kuka sinä olet?	Olen Jürgen.
Mikä sinä olet ammatiltasi?	Olen myyjä.
Missä olet työssä?	Olen työssä kaupassa.
Missä kauppa on?	Se on Mönckebergstrassella.

10. Kysykää toisiltanne: Fragen Sie sich gegenseitig!

z. B.:

Mikä tuo rakennus on?	Se on teatteri.
Missä kaupungissa teatteri on?	Se on Kuopiossa.
Millä kadulla se on?	Se on Kasarmikadulla.
Onko tämä talo Asemakadulla ?	Ei ole, se on Kasarmikadulla.
Onko tuo rakennus Helsingissä?	Ei ole. Se on Kuopiossa.

kirkko, museo, musiikkikeskus, terveyskeskus, poliisiasema, tavaratalo
Tulliportinkatu, Puistokatu, Kirkkokatu, Kuninkaankatu, Torikatu, Asemakatu
Mikkeli, Lahti, Rovaniemi, Oulu, Tampere, Turku

11. Tehdään matka Suomessa! Erota päätteet ja mieti, mikä merkitys niillä on. Huomaa mahdolliset muutokset sanassa. Katso kartasta, missä mainitut paikat ovat.

Wir machen eine Reise durch Finnland. Trennen Sie die Endungen ab und überlegen Sie, welche Bedeutung diese jeweils haben. Achten Sie auf eventuelle Änderungen im Stamm! Sehen Sie auf der Karte nach, wo die genannten Orte liegen.

Olemme Helsingissä. Helsingistä menemme Porvooseen ja Porvoosta Kotkaan. Kotkasta menemme Haminaan ja Haminasta Kouvolaan. Kouvolasta menemme Kuusankoskelle ja Kuusankoskelta Lappeenrantaan. Lappeenrannasta menemme Imatralle ja Imatralta Mikkeliin. Mikkelistä matkustamme Savonlinnaan ja Savonlinnasta Kerimäelle. Kerimäeltä menemme Kiteelle ja Kiteeltä Joensuuhun. Joensuusta matkustamme Lieksaan ja Lieksasta Nurmekseen. Nurmeksesta menemme Kuhmoon. Kuhmosta matkustamme Kajaaniin ja Kajaanista Suomussalmelle. Suomussalmelta menemme Kuusamoon, Kuusamosta Sallaan, Sallasta Kemijärvelle ja Kemijärveltä Rovaniemelle. Rovaniemeltä menemme Kemiin, Kemistä Ouluun, Oulusta Kalajoelle, Kalajoelta Kokkolaan ja sieltä Vaasaan. Vaasasta menemme ensin Poriin, sitten Turkuun ja Turusta Tampereelle. Tampereelta menemme Hämeenlinnaan ja Hämeenlinnasta Riihimäelle ja sitten Hyvinkäälle. Hyvinkäältä matkustamme Järvenpäähän, sieltä Keravalle, Keravalta Espooseen, Espoosta Vantaalle ja Vantaalta taas Helsinkiin.

12. Muodosta annetuista paikannimistä muodot *missä – mistä – minne*! Muodosta lopuksi kymmenen lausetta, joissa käytät näitä paikannimiä!

Schreiben Sie von diesen Ortsnamen die drei Formen auf, die *missä - mistä – minne* entsprechen. Die kursiv gedruckten Ortsnamen werden mit den so gennanten äußeren Lokalfälle gebildet.

	missä	mistä	minne
Helsinki:	....	....	....
Porvoo:	....	....	....
Kotka:	....	....	....

Yhdeksäs kappale

Hamina:	....	....	....
Kouvola:	....	....	....
Kuusankoski:	....	....	....
Lappeenranta:	....	....	....
Imatra:	....	....	....
Mikkeli:	....	....	....
Savonlinna:	....	....	....
Kerimäki:	....	....	....
Kitee:	....	....	....
Joensuu:	....	....	....
Lieksa:	....	....	....
Nurmes:	....	....	....
Kuhmo:	....	....	....
Kajaani:	....	....	....
Suomussalmi:	....	....	....
Kuusamo:	....	....	....
Salla:	....	....	....
Kemijärvi:	....	....	....
Rovaniemi:	....	....	....
Kemi:	....	....	....
Oulu:	....	....	....
Kalajoki:	....	....	....
Kokkola:	....	....	....
Vaasa:	....	....	....
Pori:	....	....	....
Turku:	....	....	....
Tampere:	....	....	....
Hämeenlinna:	....	....	....
Riihimäki:	....	....	....
Hyvinkää:	....	....	....
Järvenpää:	....	....	....

Kerava: ....

Espoo: ....

Vantaa: ....

Bilden Sie mit den Ortsnamen 10 Sätze.

1. ....
2. ....
3. ....
4. ....
5. ....
6. ....
7. ....
8. ....
9. ....
10. ....

13. Tehkää matka Suomessa ja Euroopassa!

Machen Sie eine Reise durch Finnland und Europa!

Olemme nyt Helsingissä. Mennään ensin Lahteen! Sieltä voimme matkustaa Mikkeliin. Mikkelistä matkustamme Kuopioon ja sieltä lennämme Frankfurtiin ... jne.

C. Landeskunde

Die Finnen gehen gern tanzen. Es gibt viele Restaurants, die ein- bis zweimal die Woche einen Tanzabend mit Livemusik veranstalten. Im Sommer sind Tanzveranstaltungen auf lava »Tanzboden«, meist an einem See gelegen, gut besucht. Die Tänzer kommen von weit her. Neben den modernen Tänzen finden Walzer und vor allem der finnische Tango großen Zuspruch. Bei den Tanzveranstaltungen ist Damenwahl ein fester Bestandteil und sehr beliebt. In Finnland ist die Gleichberechtigung zwischen Frauen und Männern weit gediehen. Bereits 1906 erhielten die Finninnen das Wahlrecht. Im Geschäftsleben und auch in der Politik sind viele Frauen in hohen Positionen vertreten.

D. Sanasto

Lahti, Lahden, Lahtea	Lahti (Stadt in Finnland)
Tampere, Tampereen, Tamperetta	Tampere (Stadt i. Finnl.)
Puisto|katu, -kadun, -katua	Puistokatu (Straßenname)
missä (zu: mikä, minkä, mitä)	in welchem, wo
millä (zu: mikä, minkä, mitä)	auf welchem, auf welcher, worauf
millä kadulla	in welcher Straße
missä kaupungissa	in welcher Stadt
missä maassa	in welchem Land
tässä kuvasssa	auf/in diesem Bild
kuva, -n, -a	Bild
työ, -n, -tä	Arbeit
työssä (zu: työ, -n, -tä)	bei der Arbeit
olla työssä	arbeiten; wörtlich: bei der Arbeit sein
lääkäri, -n, -ä	Arzt, Ärztin
sairaanhoitaja, -n, -a	Krankenschwester, -pfleger
myyjä, -n, -ä	Verkäufer, -in
opettaja, -n, -a	Lehrer, -in
koulu, -n, -a	Schule
poliisi, -n, -a	Polizist, -in, Polizei
pankkivirkailija, -n, -a	Bankangestellte, -r
pankinjohtaja, -n, -a	Bankdirektor, -in
mistä	woher, aus welchem/ welcher
kotoisin	gebürtig
olla kotoisin	stammen, herkommen
lahtelai|nen, -sen, lahtelaista	Bewohner, -in von Lahti
niin olen	ja, stimmt, (so bin ich)
tamperelai|nen, -sen, tamperelaista	Bewohner, -in v. Tampere
tulla, tulen 3	kommen
Oulu, -n, -a	Oulu (Stadt in Finnland)
minne	wohin
matkustaa, matkustan 1	reisen
Porvoo, -n, -ta	Porvoo (Stadt in Finnl.)
Joensuu, -n, -ta	Joensuu (Stadt in Finnl.)
ensin	zuerst
mennä, menen 3	gehen
myöhemmin	später
tuossa (zu: tuo, -n, -ta)	in jenem/jener
laukku, laukun, laukkua	Tasche
ei kuitenkaan	doch nicht

tässä (zu: tämä, -n, tätä)	in diesem/dieser, hier
panna, panen 3	(hinein-)legen, stellen
jos	falls, wenn
ehkä	vielleicht
tuolla (zu: tuo, -n, -ta)	auf jenem/jener
niinpä onkin	ach ja, da ist es ja
antaa, annan 1	geben
minulle (zu: minä, minun, minua)	mir, an mich
ole hyvä	bitte
pane!	lege!
takaisin	zurück
metsä, -n -ä	Wald
tuoli, -n, -a	Stuhl
kotiin	nach Hause
juuri	gerade
ulos	hinaus, heraus
tähän (zu: tämä, -n, tätä)	in dieses/diese
tuohon (zu: tuo, -n, -ta)	in jenes/jene
Venäjällä	in Russland
vaan	sondern
millaisella (zu: millai|nen, -sen, millaista)	auf was für einem
tietenkin	natürlich
sauna, -n, -a	Sauna
kukka|kauppa, -kaupan, -kauppaa	Blumenladen
mihin (zu: mikä, minkä, mitä)	in welches/welche, wohin
satama, -n, -a	Hafen
tie, -n, -tä	Weg
lentoasema, -n, -a	Flughafen
lento|kenttä, -kentän, -kenttää	Flughafen
pysäkki, pysäkin, pysäkkiä	Haltestelle
huoltoasema, -n, -a	Tankstelle
herra, -n, -a	Herr
asianajaja, -n, -a	Rechtsanwalt, -anwältin
autonasentaja, -n, -a	Automechaniker, -in
toimisto, -n, -a	Büro
korjaamo, -n, -a	Reparaturwerkstatt
musiikki|keskus, -keskuksen, -keskusta	Musikzentrum
sieltä	von da
taas	wieder
lentää, lennän 1	fliegen
ja niin edelleen (jne.)	und so weiter

Kymmenes kappale
Zehnte Lektion

A. Dialogeja

1. Mistä olet tulossa ja minne olet menossa?
Woher kommst du gerade und wohin bist du unterwegs?

– Terve Jussi, mitä kuuluu?
– Ihan hyvää kiitos. Entä sinulle?
– Ei mitään erikoista.
– Mistä olet tulossa?
– Olen tulossa kirjastosta.
– Entä minne olet menossa?
– Olen menossa torille.
– Menetkö sitten kotiin?
– En mene. Sitten käyn vielä kaupassa.
– No hei hei ja nähdään ensi viikolla!
– Hei! Nähdään ja soitellaan!

– Minne olet menossa?
– Olen menossa asemalle. Entä sinä?
– Olen menossa työhön.
– Missä sinä olet työssä?
– Terveyskeskuksessa.
– Oletko sinä sairaanhoitaja?
– Kyllä olen. Entä minne sinä menet asemalta?
– Asemalta minä menen kotiin.

2. Käytkö tänään kaupassa?
Gehst du heute einkaufen? Wörtl.: Gehst du heute in das Geschäft?

– Käytkö tänään kaupassa?
– En käy tänään kaupassa, mutta käyn torilla.
– Milloin käyt kaupassa?
– Huomenna käyn kaupassa.
– Missä kaupassa käyt?

– Käyn supermarketissa ja kirjakaupassa.
– Minä päivänä käyt Pekan luona?
– Perjantaina.

– Oletko huomenna kotona?
– En ole.
– Missä sinä olet?
– Huomenna käyn Merjan ja Tiinan luona.
– Missä he asuvat?
– Täällä Helsingissä.
– Millä kadulla he asuvat?
– He asuvat Kapteeninkadulla.

| Vgl. dazu Übung 1-2

3. Kalle on uimassa Kalle ist beim Schwimmen

– Tiedätkö, missä Kalle on?
– Kalle on uimassa.
– Minne hän sitten menee?
– Kun hän tulee uimasta, hän
  menee syömään.

– Missä Päivi ja Bernhard ovat?
– He ovat tanssimassa.
– Entä Riitta ja Mikko?
– He ovat syömässä.
– Missä he ovat syömässä?
– Ravintolassa.

4. Onko Pirjo tavattavissa? Ist Pirjo da? wörtl.: Ist Pirjo anzutreffen?

– Onko Pirjo tavattavissa?
– Ei ole. Hän on lomalla.
– Missä hän on lomalla?
– Saksassa.
– Entä Kaija? Onko hän tavattavissa?
– Valitettavasti hän on juuri kahvilla.
  Ja kun hän tulee kahvilta, hän menee
  ranskan kurssille.

– Missä posti on?
– Se on tuolla oikealla.
– Entä museo?
– Se on tuolla vasemmalla.

| Vgl. dazu Übung 3-5

5. Menetkö sinne autolla? Fährst du mit dem Auto dorthin?

– Mitä teet huomenna?
– Käyn Lahdessa.
– Menetkö sinne autolla?
– Menen autolla tai junalla.
– Jos menet autolla, saanko tulla mukaan?
– Tietysti saat.
– Kiva. Soitellaan!

– Virtasella. Jorma puhelimessa.
– Päivää, täällä on Kaija. Onko Leena kotona?
– On, mutta hänen täytyy lähteä nyt asemalle.
– Miksi hänen täytyy lähteä asemalle?
– Hän matkustaa junalla Helsinkiin ja Helsingistä lentokoneella
  Hampuriin.
– Miksi hän matkustaa Hampuriin?
– Hän haluaa käydä Minnan luona.
– Meneekö hän jalan asemalle?
– Ei mene. Hän menee asemalle taksilla.
– No kerro terveisiä!
– Kerron.

| Vgl. dazu Übung 6-7

– Missä Helsingin lentokenttä on?
– Se on Vantaalla.
– Entä Hampurin lentokenttä?
– Se on Fuhlsbüttelissä.

6. Onko sinulla hyvä sanakirja? Hast du ein gutes Wörterbuch?

Auch die Lokalfälle weisen in der freien Umgangssprache eigene Formen auf. Die Formen der persönlichen Fürwörter werden (statt von *minun* und *sinun*) von *mun* oder *sun* abgeleitet: *mussa, musta, muhun, mulla, multa, mulle* sowie *sussa, susta, suhun, sulla, sulta sulle*. Bei dem Fragewort *kuka, kenen* lauten die Kurzformen: *kessä, kestä, kehen, kellä, keltä* und *kelle*.

– Onko sinulla hyvä sanakirja?
– On. Minulla on ihan uusi sanakirja.
– Entä millainen kartta sinulla on?
– Minulla on hyvä, mutta vanha kartta.
– Onko teillä oma mökki?
– On. Entä teillä?
– Meillä on pieni mökki.
– Missä se on?
– Se on Kuopion lähellä. Entä missä teidän mökki on?
– Se on Lapinlahdella.

7. Onko sinulla tänään aikaa? Hast du heute Zeit?

– Onko sinulla tänään aikaa?
– Ei ole. Tänään minulla on kova kiire.
  Mutta huomenna minulla on aikaa.
– Kiva, nähdään sitten huomenna!
– Nähdään. Mitä voisimme tehdä?
– Mennään syömään!
– Se on hyvä idea.

| Vgl. dazu Übung 8-10

8. Mitä teet huomenna? Was machst du morgen?

– Mitä teet huomenna?
– Huomenna minä kirjoitan kirjeen Matille.
– Kirjoitatko myös Merjalle?
– En kirjoita Merjalle. Minä soitan hänelle.
– Minä haluan myös soittaa Merjalle.
  Voitko antaa minulle hänen puhelinnumeron?
– Se on 3623795.
– Se on Merjan vanha numero. Hän ei asu enää Mikkelissä.
  Hän asuu nyt Varkaudessa ja hänellä on uusi numero.
– Ai niin. Mutta minulla on jossakin myös se uusi numero.
  Hetkinen - tässä se on: 4468539.
– Kiitos.
– Ei kestä.

9. Kenelle kirjoitat kortin? Wem schreibst du eine Karte?

– Kenelle kirjoitat kortin?
– Leenalle.
– Missä Leena asuu?
– Hän asuu Savonlinnassa Puistokadulla.
– Mitä sinä kirjoitat hänelle?
– Tässä. Voit lukea itse!

Hei Leena!

*Terveisiä Saksasta. Olen täällä lomalla.
Asun pienessä hotellissa Kölnissä. Köln
on kaunis, vanha kaupunki. Tänään on
lauantai ja minä haluan käydä tavarata-
lossa. Ostan uuden Saksan kartan. Huo-
menna sunnuntaina minä käyn Riitan
ja Hannun luona. Ehkä me käymme
yhdessä museossa. Maanantaina minä
ajan autolla Heidelbergiin. Olen siellä
kaksi päivää ja sitten menen junalla
Müncheniin. Tulen kotiin ensi viikolla
perjantaina. Soitan sinulle sitten.
Terveisiä myös Mikolle.*

....
....
....
....

10. Tiedätkö, mistä laiva lähtee? Weißt du, wo das Schiff abfährt?

– Tiedätkö, mistä laiva lähtee?
– Luulen, että se lähtee Travemündestä.
– Entä minne se saapuu?
– Helsinkiin.

11. Tykkäätkö sinä kahvista? Magst du Kaffee?

– Tykkäätkö sinä kahvista?
– Kyllä tykkään.
– Entä teestä?
– Tykkään myös teestä.
  – Pidätkö sinä suklaasta?
  – Kyllä pidän.

12. Mistä sinä olet kiinnostunut?

Woran bist du interessiert?

– Mistä sinä olet kiinnostunut?
– Urheilusta ja politiikasta. Entä sinä?
– Musiikista, historiasta, lukemisesta ja matkustamisesta.

13. Mitä sinusta olisi kiva tehdä?

Was würdest du gern tun?

– Mitä sinusta olisi kiva tehdä?
– Minusta olisi kiva käydä syömässä.
– Se on hyvä idea. Minne mennään?
– Mennään Rossoon. Se on hyvä ravintola.
– Missä Rosso on?
– Se on Haapaniemenkadulla.

| Vgl. dazu Übung 11-15

Lerntipp!

Schreiben Sie Postkarten auf Finnisch, z.B. einem anderen
Kursteilnehmer oder Freunden und Bekannten in Finnland!

B. Harjoituksia

1. Kysykää toisiltanne!

Fragen Sie sich gegenseitig. Denken Sie daran: Die kursiv gedruckten Wörter erhalten die äußeren Lokalfälle!

Beispiele:

Missä sinä käyt tänään?	Käyn tänään teatterissa.
Käytkö sinä huomenna kaupa**ssa**?	En käy kaupassa huomenna, vaan tänään.
Käytkö Liisa**n luona**?	Kyllä käyn.
Milloin sinä käyt tori**lla**?	Käyn torilla huomenna.
Minä päivänä sinä käyt Peka**n luona**?	Käyn Pekan luona tiistaina.

tänään	Pekka	*asema*	teatteri
huomenna	Matti	*huoltoasema*	sairaala
maanantaina	Hilkka	*tori*	toimisto
tiistaina	Leena	*poliisiasema*	tavaratalo
keskiviikkona	Gisela	*Tampere*	kirjasto
torstaina	Marion	*Venäjä*	posti
perjantaina	Ulla	*Rovaniemi*	terveyskeskus
lauantaina		*Vantaa*	Helsinki
sunnuntaina		*Riihimäki*	Hampuri
		Kuusankoski	Suomi
			ravintola

2. Muodostakaa 3-4 hengen ryhmä ja kysykää vuorotellen toisiltanne! Tarvittaessa täydentäkää kysymyksistä puuttuvat sanat! Käyttäkää vastauksissa annettua sanaa!

Bilden Sie Dreier- oder Vierergruppen und fragen Sie reihum. Einige Fragen müssen Sie vorher noch vervollständigen. In den Antworten soll das Wort vorkommen, das jeweils vorangestellt ist. Denken Sie daran: Die kursiv gedruckten Wörter erhalten die äußeren Lokalfälle!

a. pankki:

Minne olet menossa? Missä käyt huomenna? Missä Pekka on työssä?

b. *pysäkki*:

Minne menet? Mistä olet tulossa? Onko bussi jo ....?

c. *tuoli*:

Missä kirja on? Minne sinä panet kassin? Saanko ottaa kartan ....?

d. *Tampere*:

Minne matkustat? Mistä olet kotoisin? Missä Merja asuu? Oletko tulossa ....?

Käytkö usein ....?

Kymmenes kappale

e. *pöytä*:

Missä minun sanakirja on? Voitko panna kukan ....?

f. Helsinki:

Missä Tiina asuu? Mistä te olette kotoisin? Minne sinä matkustat? Käytkö kesällä

....?

g. kirjasto:

Minne olet menossa? Mistä olet tulossa? Käytkö sinä usein ....?

h. kauppa:

Missä Leena on työssä? Milloin sinä käyt ....? Mistä olet tulossa? Minne

menet?

i. *tori*:

Mistä olet tulossa? Menetkö sinä nyt ....? Käytkö sinä usein ....?

Tavataanko ....?

j. *asema*:

Missä Riitta on? Onko juna jo ....? Oletko tulossa ....?

k. sauna:

Minne olet menossa? Onko hän jo ....? Käytkö sinä usein ....?

l. sairaala:

Missä Timo on työssä? Onko hän vielä ....?

Mistä olet tulossa? Minne sinä menet huomenna?

m. Porvoo:

Asutteko te ....? Matkustatko sinä ....? Onko hän

kotoisin ....?

n. Bonn:

Mistä Jürgen on kotoisin? Asuvatko Kurt ja Gisela vielä ....? Missä käyt

sunnuntaina?

o. posti:

Oletko menossa ....? Missä Pekka on työssä? Käytkö huomenna ....?

p. museo:

Käytkö sinä usein ....……...? Onko hän työssä ....?

3. Täydennä! Vervollständigen Sie!

Olen	syömässä	uimassa	tanssimassa
Menen	....	....	....
Tulen	....	....	....
Käyn	....	....	....

Olen	lomalla oikealla	kahvilla vasemmalla	kurssilla
Menen	....	....	....
Tulen	....	....	....

4. Mikä on oikea muoto? Welches ist die richtige Form?

a. Minä menen bussilla	työssä	työstä	työhön.
b. Käyn huomenna	kaupassa	kaupasta	kauppaan.
c. Hän on työssä	keskustassa	keskustasta	keskustaan.
d. Menen perjantaina	torilla	torilta	torille.
e. Hän asuu	hotellissa	hotellista	hotelliin.
f. Pekka on nyt	sairaalassa	sairaalasta	sairaalaan.
g. Oletko huomenna	kotona	kotoa	kotiin?
h. Ensi viikolla olemme	lomalla	lomalta	lomalle.
i. Hän on	syömässä	syömästä	syömään.
j. Menetkö lauantaina	tanssimassa	tanssimasta	tanssimaan?
k. Onko kirjasto	oikealla	oikealta	oikealle?
l. Bussi tulee	vasemmalla	vasemmalta	vasemmalle.

5. Pane annetut sanat oikeaan muotoon! Setzen Sie die in Klammern angegebenen Wörter in der richtigen Form ein!

a. Hän on .... (työ) toimistossa.

b. Asuuko hän .... (keskusta)?

c. Käyn huomenna .... (tori).

d. Suomen kurssilta minä menen .... (koti).

e. Tiistaina hän menee .... (sairaala).

f. Pekka tulee lauantaina kotiin.. (loma).

g. Ovatko he nyt .... (tanssia)?

h. Mennäänkö .... (syödä)?

i. Leena on tuolla .... (vasen).

j. Me menemme .... (hotelli) lentokentälle.

k. Hän ei asu .... (Helsinki).

l. Oletko kotoisin .... (Lahti)?

m. Tavataanko me .... (asema)?

6. Lisää puuttuvat päätteet! Yhdistä lauseet ja kuvat!

Setzen Sie die fehlenden Endungen ein und verbinden Sie die Sätze und die Bilder!

a. Menen kauppaan pyörä....................

b. Ajan Kuopioon auto....................

c. Matkustan lomalle lentokonee...........

d. Hän tulee juna..............

e. Minulla on kova kiire. Tulen sinne taksi....................

f. Minulla on paljon aikaa. Tulen sinne ....

7. Muodosta lauseita! Bilden Sie aus den vorgegebenen Wörtern Sätze!

a. me, täytyy, käydä, huomenna, kauppa

....

b. minä, täytyy, lähteä, asema

....

c. täytyy, sinä, käydä, kirjasto?

....

d. te, täytyy, mennä, lentokenttä, taksi

....

e. hän, täytyy, mennä, työ, sunnuntai

....

f. Pekka, täytyy, mennä, museo, tänään

....

g. milloin, sinä, täytyy, lähteä?

....

h. me, täytyy, mennä, lentokenttä, jalan

....

i. sinä, täytyy, käydä, vielä, Tia, luona

....

j. milloin, me, täytyy, olla, kirkko?

....

k. nyt, me, täytyy, mennä, syödä

....

l. minä, täytyy, matkustaa, Helsinki, lentokone

....

8. Lisää päätteet ja tarvittaessa verbi! Setzen Sie die Endungen -lla/-llä und falls nötig das Verb ein!

a. Minu............... on pieni auto.

b. Onko sinu.................... hyvä kamera?

c. Liisa................... on uusi sanakirja.

d. Onko Jussi................. hyvä kartta?

e. Onko tei.................... kello mukana?

f. Kene............. on vanha kirja?

g. Onko Leena............. kampa mukana?

h. Millainen auto Peka................... on?

i. Onko Mati..................... hyvä auto?

j. Mei............... on oma pieni mökki.

k. Minu.......... .... hyvä sanakirja.

l. Peka........... .... uusi auto.

m. ....ko sinu............... kiire?

n. Mei............. .... uusi talo.

o. ....ko Riita........... oma auto?

p. Minu............ .... hyvä kynä.

q. Minu............ .... Suomen kartta.

r. ....ko sinu........... televisio?

s. Kene................. on japanilainen auto?

t. ....ko sinu........... sveitsiläinen kello?

Kymmenes kappale

9. Esitä nämä kysymykset vierustoverillesi!

Stellen Sie Ihrem Nachbarn die folgenden Fragen. Schreiben Sie als zusätzliche Übung eigene Antworten auf!

a. Kenellä on punainen auto? ....

b. Onko sinulla hyvä kamera? ....

c. Onko Liisalla oma pyörä? ....

d. Onko meillä vielä paljon aikaa? ....

e. Miksi sinulla on aina niin kiire? ....

f. Onko sinulla sanakirja mukana? ....

g. Onko meillä jo kiire? ....

h. Onko sinulla sveitsiläinen kello? ....

i. Onko sinulla jo postimerkki? ....

j. Kenellä on musta kassi? ....

k. Mitä sinulla on mukana? ....

l. Onko sinulla usein kiire? ....

m. Onko sinulla punainen kassi? ....

n. Mitä sinulla on kassissa? ....

o. Millainen sanakirja sinulla on? ....

p. Onko sinulla Suomen kartta mukana? ....

q. Onko sinulla banaani kassissa? ....

r. Millainen kamera sinulla on? ....

s. Millainen auto Pekalla on? ....

t. Onko teillä iso talo? ....

u. Onko sinulla oma auto? ....

v. Onko sinulla pieni auto? ....

10. *olla* »haben« vai »sein«? Muodosta lauseita! Bilden Sie Sätze!

a. minä, olla, kirja ....

b. Pekka, olla, opettaja ....

c. me, olla, mökki ....

d. olla, te, puhelin? ....

e. tuo, tyttö, olla, kiva ....

f. me, olla, aikaa ....

g. minä, olla, pyörä ....

h. Bärbel, olla, uusi, sanakirja ....

i. olla, sinä, hyvä, auto? ....

j. Leena, olla, uusi, kello ....

k. olla, te, kamera? ....

l. Mikko, olla, tämä, kuva ....

11. Yhdistä kysymykset ja vastaukset! Verbinden Sie Fragen und Antworten!

1. Minne laiva saapuu?
2. Mistä pidät?
3. Kenelle kirjoitat kirjeen?
4. Mistä olet kiinnostunut?
5. Kenestä tykkäät?
6. Mistä bussi lähtee?
7. Kenelle soitat?
8. Kenelle annat kirjan?
9. Kenestä tämä sanakirja on hyvä?

a. Pidän kahvista.
b. Olen kiinnostunut Suomesta.
c. Bussi lähtee keskustasta.
d. Kirjoitan kirjeen Liisalle.
e. Soitan Pekalle.
f. Minusta sanakirja on hyvä.
g. Tykkään Kallesta.
h. Annan kirjan Sirpalle.
i. Laiva saapuu Helsingin satamaan.

12. Vertaa kysymyksen ja vastauksen muotoja harjoituksessa 11! Kirjoita muistiin kysymyssana, verbin perusmuoto ja pääte, jota vastauksessa käytetään sekä verbi saksaksi! Mitä voit todeta? Tee mahdollisimman paljon omia lauseita, joissa käytät näitä uusia verbejä!

Vergleichen Sie die Formen der jeweiligen Fragen und Antworten in Übung 11. Schreiben Sie das Fragewort, die Grundform des Verbs und die Endung, die in der Antwort erscheint, sowie die deutsche Bedeutung auf. Was stellen Sie fest? Bilden Sie möglichst viele eigene Sätze mit den neuen Verben!

Kysymyssana	verbi + pääte	saksaksi
Fragewort	Verb + Endung	auf deutsch
mistä	*olla kiinnostunut + -sta / -stä*	*an etwas interessiert sein*
....	....	....
....	....	....
....	....	....
....	....	....
....	....	....

....
....
....
....

13. Pane annetut sanat oikeaan muotoon! Setzen Sie die in Klammern angegebenen Wörter in der richtigen Form ein!!

a. Minä kirjoitan kirjeen .... (Pekka). b. Pekka kirjoittaa kirjeen ....

(minä). c. Kirjoitatko sinä kirjeen .... (Tiina)? d. Kirjoittaako Tiina kirjeen

.... (sinä)? e. Kirjoitatko .... (Gisela) kirjeen vai kortin? f. Annatko

.... (minä) Hannan osoitteen? g. Annatko .... (Leena) kauniin kukan?

h. Kuka voi antaa .... (Mikko) sanakirjan? i. Voitko sinä antaa ....

(Timo) Suomen kartan? j. Minä soitan .... (Minna). k. Tero soittaa ....

(sinä). l. Soitatko .... (Mikko) huomenna? m. Minä tykkään ....

.... (tämä kirja). n. Tykkäätkö sinä .... (kahvi)? o. Minä en pidä

.... (kiire). p. Pidätkö sinä .... (Suomi)? q. Minä olen kiinnostunut

.... (historia). r. Oletko kiinnostunut .... (musiikki)? s. Hän

on kiinnostunut .... (urheilu). t. .... (Pia) on kiva käydä ravin-

tolassa syömässä. u. Onko .... (sinä) kiva käydä uimassa? v. ....

(minä) on kiva oppia suomea! w. .... (kuka) Hampuri on kiva kaupunki?

x. .... (minä)! y. Saapuuko laiva .... (Helsinki)? z. Minä

luulen, että se saapuu .... (Turku). ä. Juna saapuu ....

(Rovaniemi) kello yksi.

14. Muodostakaa pikkuryhmiä ja kysykää toisiltanne!
Bilden Sie kleine Gruppen und fragen Sie sich gegenseitig!

Kenelle sinä kirjoitat? Kenelle soitat? Kenelle annat ...?
Mistä olet kiinnostunut? Kenestä sinä tykkäät? Mistä pidät?
Mitä sinusta olisi kiva tehdä? Mitä sinun täytyy tehdä?
Minne laiva saapuu?
Missä käyt? Kenen luona käyt?

Lerntipp!

Überlegen Sie, was Sie an einem bestimmten Wochentag machen wollen! Planen Sie Ausflüge und Urlaubsreisen!

15. Kerrataan taas verbejä! Kirjoittakaa annettujen sanojen suomalaiset vastikkeet ristikkoon – ratkaisulause löytyy merkityltä pystysuoralta riviltä.

Kreuzworträtsel: Der Lösungssatz entsteht in den fettgedruckten Kästchen.

wir glauben

sitzen

gehen

ich komme

reisen

muss

ich lege

anrufen

kennen

wohnst du?

wissen

treffen

wollen

ich bin

er kommt an

ich lerne

schreiben

darf ich?

kennen lernen

ich komme an

er ist

ich verstehe

ich nicht

sein

C. Landeskunde

Wenn die Finnen Grußkarten schicken, fassen sie sich meistens kurz. Oft werden die fertig gedruckten Wünsche zum Geburtstag oder zum Weihnachtsfest nur unterschrieben. Aus dem Urlaub berichtet man eventuell schon mal etwas ausführlicher. Die Anrede auf einer Postkarte oder in einem Brief lautet oft nur *Hei* oder z.B. *Hei Pekka*. Man kann aber auch *Pekka hyvä!* schreiben. *Rakas Pekka* »Lieber Pekka« ist eher unüblich, es sei denn, es handelt sich um einen Liebesbrief.

In offiziellen Briefen wird die Anrede oft ganz weggelassen oder man schreibt z.B. *Arvoisa rouva Nieminen!* oder *Arvoisa herra Jakola!* »Sehr geehrte Frau Nieminen! Sehr geehrter Herr Jakola!«

Inzwischen hat sich bis nach Deutschland herumgesprochen, dass Finnland ein Land der Handys ist. Die Anzahl der Handys übersteigt die Anzahl der Festnetzanschlüsse um ein Vielfaches. Da die Entfernungen in Finnland sehr groß sind, sind Handys natürlich sehr praktisch. Die Grundgebühren wie auch die Kosten pro Einheit sind relativ günstig.

D. Sanasto

tulossa	
olla tulossa jostakin	(gerade) irgendwoher kommen
menossa	
olla menossa jonnekin	gerade irgendwohin gehen, unterwegs sein
käydä, käyn 2 (+ wo)	gehen, besuchen; wörtl.: einen Besuch irgendwo machen
Missä käyt?	Wohin gehst du?
soitella, soittelen 3	anrufen
Soitellaan!	Lass uns telefonieren!
milloin	wann
minä (*zu:* mikä, minkä, mitä	an welchem
minä päivänä	an welchem Tag
käydä, käyn 2 (Gen. + luona)	jemanden besuchen
Kenen luona käyt?	Wen besuchst du?
perjantaina	am Freitag
uida, uin 2	schwimmen
uimassa, uimasta, uimaan	beim/vom/zum Schwimmen
kun	wenn
syödä, syön 2	essen
syömässä, syömästä, syömään	beim/vom/zum Essen
tanssia, tanssin 1	tanzen

tanssimassa, tanssimasta, tanssimaan	beim/vom/zum Tanzen
ravintola, -n, -a	Restaurant
tavattavissa	
olla tavattavissa	anzutreffen sein, zu sprechen sein
loma, -n, -a	Urlaub
lomalla	im Urlaub
kahvilla; olla kahvilla	beim Kaffeetrinken sein
ranskan kurssi, -n, -a	Französischkurs
oikea, -n, -a	rechte/r, -s
oikea|lla, -lta, -lle	rechts, von rechts, nach rechts
vasen, vasemman, vasenta	linke/r, -s
vasemma|lla, -lta, -lle	links, von links, nach links
sinne	dorthin, dahin
autolla	mit dem Auto
tehdä, teen 2	tun, machen
tai	oder
juna, -n, -a	Zug
junalla	mit dem Zug, mit der Bahn
hänen täytyy (Gen. + täytyy)	er/sie muss
Kenen täytyy ...?	Wer muss ...?
lähteä, lähden 1 (+wohin)	irgendwohin gehen, losgehen, abfahren
miksi	warum

lento|kone, -koneen, -konetta	Flugzeug
lentokoneella	mit dem Flugzeug
haluta, haluan 4	wollen, wünschen
jalka, jalan, jalkaa	Fuß
jalan	zu Fuß
taksi, -n, -a	Taxi
taksilla	mit dem Taxi
kertoa, kerron 1	erzählen
Kerro terveisiä!	Bestell Grüße!
terveisiä	Grüße (Mz. unbest. Form)
Kerron.	Richte ich aus.
-lla/-llä + olla	haben
Onko sinulla ...?	Hast du ...?
minulla on	ich habe
ihan	ganz
oma, -n, -a	eigen
aika, ajan, aikaa	Zeit
kiire, kiireen, kiirettä	Eile
minulla on kova kiire	ich bin sehr in Eile
voisimme (*zu:* voida, voin 2)	wir könnten
idea, -n, -a	Idee
kirjoittaa, kirjoitan 1 (+ lle)	jdm schreiben
Kenelle kirjoitat?	Wem schreibst du?
kirje, kirjeen, kirjettä	Brief
soittaa, soitan 1 (+ lle)	jdn anrufen
Kenelle soitat?	Wen rufst du an?
ei enää	nicht mehr
Mikkeli, -n, -ä	Mikkeli (Stadt in Finnl.)
Varkaus, Varkauden, Varkautta	Varkaus (Stadt in Finnl.)
ai niin	ach ja
kenelle (*zu:* kuka, kenen, ketä)	wem, an wen
jossakin	irgendwo
kortti, kortin, korttia	Postkarte
hänelle (*zu:* hän, hänen, häntä)	ihr/ihm
lukea, luen 1	lesen
itse	selbst
yhdessä	zusammen
kaksi päivää	zwei Tage
laiva, -n, -a	Schiff
lähteä, lähden 1 (+ woher)	von irgendwo abfahren/losgehen
Mistä laiva lähtee?	Wo fährt das Schiff ab?
saapua, saavun 1 (+wohin)	irgendwo ankommen
Minne laiva saapuu?	Wo kommt das Schiff an?
tykätä, tykkään 4 (+ sta/stä)	etw. oder jdn. mögen, gern haben
Kenestä tykkäät?	Wen magst du?
Mistä tykkäät?	Was magst du?
kahvi, -n, -a	Kaffee
tee, -n, -tä	Tee
pitää, pidän 1 (+ sta/stä)	etw. oder jdn. mögen
suklaa, -n, -ta	Schokolade
Kenestä pidät?	Wen magst du?
Mistä pidät?	Was magst du?
kiinnostunut	interessiert
olla kiinnostunut (+sta/stä)	an etw. interessiert sein
Mistä olet kiinnostunut?	Wofür interessierst du dich?
urheilu, -n, -a	Sport
politiikka, politiikan, politiikkaa	Politik
musiikki, musiikin, musiikkia	Musik
historia, -n, -a	Geschichte
lukemi|nen, -sen, lukemista	das Lesen
matkustami|nen, -sen, matkustamista	das Reisen
sinusta (*zu:* sinä, sinun, sinua)	für dich, deiner Meinung nach
Mitä sinusta olisi kiva tehdä?	Was würdest du gern tun?
Minusta olisi kiva ...	Ich würde gern ...
kesällä	im Sommer
kotoa	von zu Hause
pyörä, -n, -ä	Fahrrad
pyörällä	mit dem Fahrrad
ajaa, ajan 1	fahren
paljon	viel
mukana	mit, dabei
olla mukana	dabei sein, dabei haben
kenellä on?	wer hat?
jo	schon
posti|merkki, -merkin, -merkkiä	Briefmarke
musta, -n, -a	schwarz
vai	oder
keskusta, -n, -a	Zentrum
Kenelle annat ...?	Wem gibst du ...?
kenestä ...? (*zu:* kuka, kenen, ketä)	Wer ist der Meinung, wer findet ...?
Kenestä tämä sanakirja on hyvä?	Wer ist der Meinung, dass dieses Wörterbuch gut ist?
rakas, rakkaan, rakasta	lieb

Yhdestoista kappale
Elfte Lektion

A. Dialogeja

1. Onpa kaunis aamu! Das ist aber ein schöner Morgen!

On aamu.
– Huomen**ta**.
– Huomen**ta** huomen**ta**. Onpa kaunis aamu!
– Niin on.

On päivä.
– Hyvä**ä** päiv**ää**.
– Päiv**ää**. Mitä kuuluu?
– Kiitos, ei mitään erikoista.

On ilta.
– Hyvä**ä** ilt**aa**.
– Ilt**aa**. Minne olet menossa?
– Tanssimaan. Entä sinä?
– Menen vielä kauppaan. Hausk**aa** ilt**aa**!
– Kiitos samoin.

On yö.

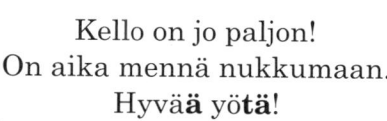
Kello on jo paljon!
On aika mennä nukkumaan.
Hyvä**ä** yö**tä**!

Hyvää yötä.

Hyvää yötä.

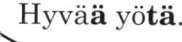

2. Mitä siinä on? Was ist darin?

– Mitä kupissa on?
– Kuka juo kahvia?
– Millaista kahvi on?

– Kupissa on kahvia.
– Minä juon kahvia.
– Se on kuumaa.

Tämä on kannu. Kannussa on mehua.
Leena ja Pekka juovat usein mehua. Mehu on kylmää.

Tämä on oluttuoppi. Tuopissa on olutta.
Jorma juo mielellään olutta. Tämä olut on saksalaista.

Tässä on viinipullo ja viinilasi. Pullossa ja lasissa on viiniä.
Me juomme usein viiniä. Tämä viini on punaista.

Tämä on voiastia. Astiassa on voita.
Me emme syö paljon voita. Voi on keltaista.

Tässä on juustolautanen. Lautasella on juustoa.
Syön joka päivä juustoa. Juusto on terveellistä.

– Minne olet menossa?
– Olen menossa kauppaan.
– Mitä ostat?
– Ostan kahvia, mehua, maitoa, juustoa ja olutta.
– Ostatko myös viiniä?
– En. Me emme pidä viinistä.

– Saako olla kahvia?
– Ei kiitos.
– Entä teetä?
– Kyllä kiitos.

3. Montako kirjaa tuolla on? Wie viele Bücher stehen dort?

– Montako kirjaa tuolla on?
– Siellä on viisi kirjaa. Kenen ne ovat?
– Ne ovat minun.

– Tässä kuvassa on kaksi tyttöä ja kuusi
poikaa. Keitä he ovat?
– En tiedä.

– Montako miestä tuossa
kuvassa on?
– Siinä on seitsemän miestä.
– Entä montako naista?
– Vain neljä naista.

Bei den Zahlwörtern kennt
die freie Umgangssprache
viele Kurzformen. Zumeist
wird das auslautende -i
weggelassen: yks, kaks,
viis, kuus. Bei den
zusammengesetzten
Zahlwörtern hört man z.B:
kakskyt »20«, kolkyt »30«,
nelkyt »40«, seitkyt »70«.
Bei den Zahlen kahdeksan
und yhdeksän lässt man
meistens das -d weg:
kaheksan, yheksän.

– Montako teitä on?
– Meitä on kuusi. Entä teitä?
– Meitä on vain kolme.

– Tuossa järvessä on monta pientä saarta.
– Niin on.
– Mikä järvi se on?
– Se on Kallavesi.

| Vgl. dazu Übung 1-5

4. En osta karttaa. Ich kaufe keine Karte.

– Mitä sinä ostat?
– Ostan uuden sanakirjan.
– Ostatko myös kartan?
– En osta karttaa. Entä mitä sinä ostat?
– Minä ostan kahvia, juustoa, leipää, olutta.
– Ostatko sinä saksalaisen lehden?
– En osta saksalaista lehteä.

– Miksi et osta punais**ta** auto**a**?
– En pidä punaisesta autosta.
– Minkävärisen auton sinä sitten ostat?

| Vgl. dazu Übung 6

– Ostan sinisen auton.

5. En tunne häntä. Ich kenne sie nicht.

– Tunnetko sinä tuon tytön?
– En tunne hän**tä**. Tunnetko sinä hänet?
– Tunnen. Hän on Pia.

– Kuka tuo nuori nainen on? En tunne hän**tä**.
– Hän on Marja Mäkinen.
– Missä hän asuu?
– Hän asuu Lieksassa Petlatiellä.
– Ahaa. Kiitos.
– Ei kestä.

– Etkö tunne minu**a**?
– En tunne sinu**a**. Kuka sinä olet?
– Olen Kari Lappalainen Lahdesta.
– Ai niin. Nyt muistan sinut.

6. Keitä te olette? En tunne teitä. Wer seid ihr? Ich kenne euch nicht.

– Keitä te olette? En tunne tei**tä**.
– Miksi et tunne mei**tä**? Mehän olemme Liisa ja Matti.
– Hmm. Entä keitä nuo naiset ovat? En tunne myöskään hei**tä**.
– He ovat Katri ja Hanna.
– Mistä he ovat kotoisin?
– He ovat Iisalmesta.

7. Etkö sinä tunne Jormaa?
Kennst du Jorma nicht?

– Etkö sinä tunne Jorma**a**?
– En. Kuka hän on?
– Tuo nuori mies on Jorma.
– Onko hän suomalainen?
– Kyllä on.
– Mistä hän on kotoisin?
– Hän on kotoisin Helsingistä.
– Asuuko hän Helsingissä?
– Ei asu. Hän asuu Kölnissä.
– Mitä kieliä hän puhuu?

– Hän puhuu suome**a**, saksa**a**, englanti**a** ja ranska**a**.
– Mikä hän on ammatiltaan?
– Hän on liikemies.
– Mistä hän on kiinnostunut?
– Hän on kiinnostunut musiikista ja urheilusta.
– Mistä hän pitää?
– Hän pitää saksalaisesta oluesta.
– Pitääkö hän myös viinistä?
– Ei pidä. | Vgl. dazu Übung 7-8

8. Minulla on aikaa. Ich habe Zeit.

– Terve Mikko.
– Terve Riitta. Mennäänkö kahville?
– Mennään vaan. Minulla on aika**a**.
– Kiva. Mutta hetkinen ... minulla ei ole raha**a** mukana.
– Ei se mitään. Minulla on tarpeeksi raha**a**.

9. Minulla ei ole omaa autoa. Ich habe kein eigenes Auto.

– Onko sinulla auto?
– Ei ole. Valitettavasti minulla ei ole auto**a**.
– Onko sinulla pyörä?
– Minulla on pyörä.
– Onko tämä kamera sinun?
– Ei ole. Minulla ei ole kamera**a**.
– Onko sinulla kännykkä?
– Kyllä on. Minulla on ihan uusi kännykkä.

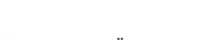

– Onko teillä iso mökki?
– Meillä ei ole oma**a** mökki**ä**.
– Missä te asutte lomalla?
– Me vuokraamme mökin.
– Miksi ette osta mökkiä?
– Meillä ei ole raha**a**. | Vgl. dazu Übung 9-10

10. Mitä olet juuri tekemässä? Was machst du gerade?

– Mitä olet juuri tekemässä?
– Kirjoitan kortti**a**.
– Kenelle?
– Pekalle. Entä mitä sinä olet tekemässä?
– Luen lehte**ä**.

– Mitä lehte**ä**?
– Helsingin Sanomi**a**.
– Entä mitä teet huomenna?
– Huomenna kirjoitan kirjeen Leenalle.

11. Minä rakastan sinua! Ich liebe dich!

– Hei Leena. Mitä kuuluu?
– Terve Pekka. Ihan hyvää kiitos. Entä sinulle?
– Minulle kuuluu myös hyvää.
  Minä haluan sanoa sinulle jotakin!
– No mitä?
– Minä rakastan sinu**a**. Rakastatko sinä
  minu**a**?
– Kyllä rakastan.

L: **Ketä** sinä rakastat?
A: Minä rakastan Mikko**a**.
M: Entä sinä?
L: Minä rakastan Kalle**a**.
M: Rakastaako Kalle sinu**a**?
L: Luulen, että hän rakastaa minu**a**.

12. Ketä sinä odotat? Auf wen wartest du?

– **Ketä** sinä odotat?
– Odotan Jussi**a**. Entä sinä?
– Minä odotan Leena**a**.

– Odotatko sinä minu**a**?
– En. Odotan Kari**a**.
– Missä Kari on?
– Hän on työssä.
– Missä hän on työssä?
– Toimistossa. Hän on virkailija.
– Minne te menette?
– Me käymme ensin kaupassa ja
  sitten me menemme kotiin.

– Tuolla pysäkillä on kolme tyttöä.
  Mitä he odottavat?
– Luulen, että he odottavat bussi**a**.
  Minne he menevät bussilla?
– En tiedä. Ehkä Helsinkiin.

13. Voitko auttaa minua? Kannst du mir helfen?

– Voitko auttaa minua?
– Mielelläni. Miten voin auttaa sinua?
– Voitko sanoa, miten pääsen asemalle?
– Voit mennä sinne bussilla!
– Millä bussilla?
– Bussilla numero 4.
– Kiitos avusta!
– Ei kestä.

| Vgl. dazu Übung 11-12

B. Harjoituksia

1. Tässä on sanoja muodossa, jonka opimme tässä kappaleessa (partitiivi). Lajitelkaa sanat päätteiden mukaan alla oleviin ryhmiin. Kirjoittakaa uuden muodon viereen sanan perusmuoto. Vertailkaa muotoja! Mitä voitte todeta? Miten partitiivi muodostetaan?

Hier stehen Wörter in einer neuen grammatischen Form, dem Partitiv. Sortieren Sie die Wörter entsprechend der Endungen, und schreiben Sie auch die Grundform des Wortes dazu. Vergleichen Sie die Formen! Was stellen Sie fest? Wie wird der Partitiv gebildet?

hauskaa · punaista · iltaa · saksalaista · teetä · kuumaa · juustoa · hyvää · miestä · kahvia · kynää · terveellistä · viiniä · kirjaa · yötä · voita · olutta · tyttöä · poikaa · naista · pientä · saarta · mehua · venettä · ruusua · taloa · hotellia · autoa · kirkkoa · ihmistä · katua · kaupunkia · maata · kelloa

Endungen des Partitivs:

-a/-ä	**-ta/-tä**	**-tta/-ttä**
*hauska, hauska***a**	*tee, tee***tä**	....

Yhdestoista kappale

2. Yhdistä seuraavat ilmaisut!

Ordnen Sie den finnischen Ausdrücken die deutschen Entsprechungen zu!

1. kaksitoista vene**ttä**
2. seitsemäntoista ruusu**a**
3. yhdeksäntoista talo**a**
4. yksitoista mies**tä**
5. kaksikymmentä hotelli**a**
6. kolmekymmentä tyttö**ä**
7. neljäkymmentä auto**a**
8. yhdeksänkymmentä kirkko**a**
9. sata kynä**ä**
10. kaksisataa ihmis**tä**
11. kolmesataa katu**a**
12. kahdeksankymmentäseitsemän pien**tä** kaupunki**a**
13. sataneljäkymmentäyhdeksän maa**ta**
14. kolmesataakaksikymmentäyksi kukka**a**
15. kolmesataakuusikymmentäviisi saar**ta**
16. neljäsataayhdeksäntoista kello**a**

a. 19 Häuser
b. 20 Hotels
c. 11 Männer
d. 40 Autos
e. 12 Boote
f. 100 Stifte
g. 30 Mädchen
h. 300 Straßen
i. 17 Rosen
j. 321 Blumen
k. 90 Kirchen
l. 149 Länder
m. 200 Menschen
n. 365 Inseln
o. 419 Uhren
p. 87 kleine Städte

3. Järjestele nyt harjoituksessa 2 esiintyvät lukusanat alla oleviin ryhmiin ja täydennä puuttuvat lukusanat! Miten lukusanat muodostetaan?

Tragen Sie jetzt die in Übung 2 vorkommenden Zahlwörter in die entsprechenden Zeilen ein und ergänzen Sie die fehlenden Zahlwörter. Wie werden die Zahlwörter im Finnischen gebildet?

Die Zahlen von 11 bis 19:

11: ....   12: ....

13: ....   14: ....

15: ....   16: ....

17: ....   18: ....

19: ....

Die vollen Zehnerzahlen

20: ....   30: ....

40: ....   50: ....

60: ....   70: ....

80: ....   90: ....

Die vollen Hunderterzahlen

200: .... 300: ....

400: .... 500: ....

600: .... 700: ....

800: .... 900: ....

Die vollen Tausenderzahlen

2000: kaksituhatta .... 3000: kolmetuhatta ....

4000: .... 5000: ....

6000: .... 7000: ....

8000: .... 9000: ....

10000: .... 11000: ....

Zahlen dazwischen

87: ....

149: ....

321: ....

365: ....

419: ....

3654: ....

4. Pelataan bingoa!

Wir spielen Bingo! Schreiben Sie in die Kästen beliebige Zahlen zwischen 1 und 100. Einer liest jetzt Zahlen in gemischter Reihenfolge vor. Wer als erster drei »richtige« Zahlen senkrecht, waagerecht oder diagonal hat, hat gewonnen.

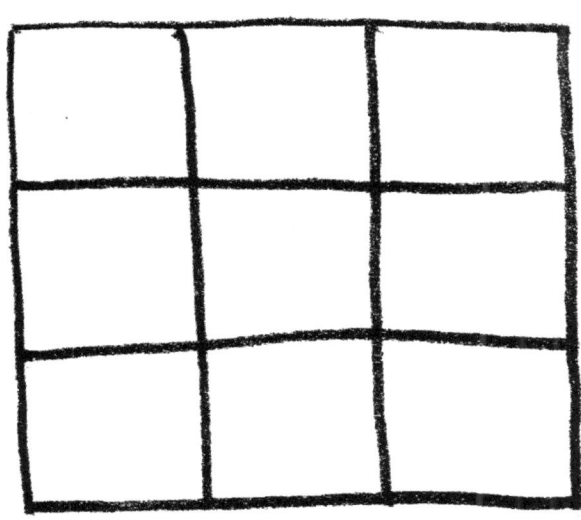

5. Pane annetut sanat oikeaan muotoon!

Setzen Sie die in Klammern angegebenen Wörter in der richtigen Form ein!

a. Metsässä on .... (5, kissa).

b. Kassissa on .... (18, kirja).

c. Talossa on .... (27, poika).

d. Tällä kadulla on .... (32, kauppa).

e. Tuossa talossa on .... (15, ikkuna).

f. Tällä pöydällä on ....

(47, punainen kynä).

g. Kuvassa on .... (53, tyttö).

h. Tässä kaupungissa on ....

.... (135, valkoinen talo).

i. Siinä kaupungissa on ....

(81, tavaratalo).

j. Kukkakaupassa on .... (538, ruusu).

k. Tässä huoneessa on ....

(5, iso hylly).

l. Toimistossa on .... ja ....

(273, pöytä ja tuoli).

m. Kassissa on .... (5, keltainen banaani).

n. Pöydällä on .... (864, postimerkki).

o. Euroopassa on .... (10, suuri kaupunki).

p. Tuossa metsässä on ainakin ....

(10 000, iso puu).

q. Kaupassa on .... (monta, hyvä radio).

r. Tuossa kuvassa on ....

(19, suomalainen mies).

s. Tässä kirjassa on .... (12, kappale).

6. Mitä sinä ostat? Mitä sinä et osta? Mitä ... maksaa? Kysykää toisiltanne!

Was kaufst du? Was kaufst du nicht? Was kostet ...? Fragen Sie sich gegenseitig!

Beispiel: Ostan kartan ja kahvia, mutta en osta autoa. Kartta maksaa 3,40 € (3 euroa 40 senttiä). Kahvi maksaa 3,15 € (3 euroa 15 senttiä).

kartta (3,40 €)	auto (18.450 €)	sanakirja (11 €)	kukka (2,50 €)
kampa (0,50 €)	matto (84 €)	kamera (50 €)	kynä 0,54 €)
pöytä (147,50 €)	tuoli (32,50 €)	kello (22 €)	banaani (0,12 €)
appelsiini (0,45 €)	mökki (32.500 €)	vene (635 €)	lamppu (25 €)
kahvi (3,15 €)	mehu (0,75 €)	juusto (11,50 €)	olut (1,66 €)
viini (8,75 €)			

7. Kenet sinä tunnet? Ketä sinä et tunne? Kysykää toisiltanne!

Wen kennst du? Wen kennst du nicht? Fragen Sie sich gegenseitig!

Beispiel: Minä tunnen Mikon, mutta en tunne Ristoa.

sinä	Pekka	Olli	Matti	hän	Kati	te	Ulrike	Peter
Pirkko	Gisela	Marion	Hanna	Ville	Sirpa	Pia	Hans	Oliver

8. Kenet sinä tapaat? Ketä sinä et tapaa? Kysykää toisiltanne!

Wen triffst du? Wen triffst du nicht? Fragen Sie sich gegenseitig!

Beispiel: Minä tapaan Heikin, mutta en tapaa Ollia.

he	Leena	Risto	Kaija	Päivi	Otto	Tiina	Hanna
Kati	Merja	hän	sinä	te	Pirjo	Riitta	Heikki

9. Mitä sinulla on? Mitä sinulla ei ole? Onko sinulla ...? Eikö sinulla ole ...? Kysykää toisiltanne!

Was hast du? Was hast du nicht? Hast du ...? Hast du nicht ...? Fragen Sie sich gegenseitig!

Beispiel: Minulla on kirja, mutta minulla ei ole kynää.

sanakirja, kartta, pöytä, kännykkä, pyörä, auto, mökki, talo, kynä, kamera, televisio, radio, lamppu, vene, kissa, koira, postimerkki, sauna ja niin edelleen

10. Käännä suomeksi ja vertaile lauseita!

Übersetzen Sie ins Finnische und vergleichen Sie die Formen!

Bist du Liisa? ....

Ja, ich bin Liisa. ....

Bist du Pekka? ....

Nein, ich bin nicht Pekka, ich bin Jussi. ....

Hast du ein Wörterbuch dabei? ....

Ja, ich habe ein Wörterbuch dabei. ....

Hast du eine Karte dabei? ....

Nein, ich habe keine Karte dabei. ....

Seid ihr morgen zu Hause? ....

Ja, wir sind morgen zu Hause. ....

Habt ihr ein rotes Auto? ....

Ja, wir haben ein kleines, rotes Auto. ....

Habt ihr ein großes Haus? ....

Nein, leider haben wir kein großes Haus. ....

11. Ketä sinä rakastat? Ketä tai mitä sinä odotat? Ketä autat? Kysykää toisiltanne!

Fragen Sie sich gegenseitig! Wen liebst Du? Auf wen oder worauf wartest du? Wem hilfst du?

Beispiel: Minä rakastan sinua. Odotan Eevaa. Minä autan teitä.

Leena	Pekka	Matti	Mikko	Riitta	Petra	Bärbel	Marion	Gisela
juna	taksi	bussi	Mika	lentokone	sinä	te	Veikko	hän

12. Täydennä ja muodosta lauseita, joissa käytät näitä muotoja!

Vervollständigen Sie diese Tabelle und bilden Sie Sätze, in denen diese Formen vorkommen!

kuka?	kenen?	kenet?	ketä?	kenessä?
minä	minun	minut	minua	minussa
sinä	....	....	....	....
hän	....	....	....	....
me	....	....	....	....
te	....	....	....	....
he	....	....	....	....
Kari	Karin	Karin	Karia	Karissa
Hannu	....	....	....	....
Riitta	....	....	....	....
Aira	....	....	....	....

kenestä?	keneen?	kenellä?	keneltä?	kenelle?
minusta	minuun	minulla	minulta	minulle
....	sinuun	....	....	....
....	häneen	....	....	....
....	meihin	....	....	....
....	teihin	....	....	....
....	heihin	....	....	....
Karista	Kariin	Karilla	Karilta	Karille
....	....	....	....	....
....	....	....	....	....
....	....	....	....	....

Bilden Sie Sätze ...

....

....

....

....

....

....

....

....

....

....

....

....

Lerntipp

Kun olet kaupassa, ajattele suomeksi, mitä ostat?
Schreiben Sie Ihren Einkaufszettel auf Finnisch!
Was kosten die Lebensmittel?

C. Landeskunde

In Finnland wie auch in den anderen nordischen Ländern gilt *jokamiehen oikeus* »Jedermannsrecht«. Danach darf sich z.B. jeder in der Natur frei bewegen, Beeren sammeln oder in einem See baden. Selbst-verständlich soll man nicht zu dicht an Häuser herangehen, und fürs Zelten sollte man immer den Grundstücksbesitzer um Erlaubnis bitten. Offenes Feuer darf nur mit Genehmigung des Besitzers gemacht werden. Es ist auch nicht üblich, zu einem fremden Haus zu fahren und von dort aus z.B. die Landschaft zu bewundern, auch wenn gerade keiner zu Hause ist.

Finnen respektieren grundsätzlich sehr die Privatsphäre anderer. Man muss den Nachbarn nicht jeden Tag sehen. Will man beim Nachbarn vorbeischauen, nähert man sich dem Haus bzw. dem *mökki* »Sommerhaus« unauffällig und schaut, ob er überhaupt zu Hause ist. Wenn man z.B. bei einem *mökki*, das fast immer an einem See liegt, schon vom Boot aus feststellt, dass keiner zu Hause ist, betritt man das Grundstück erst gar nicht. Ansonsten klopft man und wartet, bis man hereingebeten wird: *Sisään* »Herein«. Ist nichts zu hören, kann man noch mal fragen: *Onko ketään kotona?* Meldet sich auch dann niemand, geht man wieder.

D. Sanasto

Onpa ...	Das ist aber ...
aamu, -n, -a	Morgen
ilta, illan, iltaa	Abend
hauska, -n, -a	nett, angenehm, schön
Hauskaa iltaa!	Einen schönen Abend!
kiitos samoin	danke gleichfalls
yö, -n, -tä	Nacht
paljon	viel
Kello on jo paljon.	Es ist schon spät.
nukkua, nukun 1	schlafen
siinä	darin
kuppi, kupin, kuppia	Tasse
juoda, juon 2	trinken
millaista (*zu:* millai|nen, -sen)	wie
kuuma, -n, -a	heiß
kannu, -n, -a	Kanne
mehu, -n, -a	Saft
kylmä, -n, -ä	kalt
olut|tuoppi, -tuopin, -tuoppia	Bierkrug
olut, oluen, olutta	Bier
mielellään (*zu:* mielel-läni, mielelläsi)	gern (er/sie)
mielelläni	gern (ich)
mielelläsi	gern (du)
viinipullo, -n, -a	Weinflasche
viinilasi, -n, -a	Weinglas
viini, -n, -ä	Wein
voiastia, -n, -a	Butterdose
voi, -n, voita	Butter
juustolauta|nen, -sen, juustolautasta	Käsebrett, Käseteller
juusto, -n, -a	Käse
joka päivä	jeden Tag
terveelli|nen, -sen, terveellistä	gesund (für)
maito, maidon, maitoa	Milch
Saako olla kahvia?	Darf es Kaffee sein? Möchten Sie Kaffee?
montako?	wie viele?
siellä	da, dort
Montako teitä on?	Wie viele seid ihr?
meitä on ...	wir sind ...
järvi, järven, järveä	See
monta (*zu:* moni, monen)	manche, viele
saari, saaren, saarta	Insel

leipä, leivän, leipää	Brot
lehti, lehden, lehteä	Zeitung
minkäväri|nen, -sen, minkäväristä	(in) welcher Farbe
sini|nen, -sen, sinistä	blau
häntä (*zu:* hän, hänen)	er, sie
minua (*zu:* minä, minun)	ich
sinua (*zu:* sinä, sinun)	du
muistaa, muistan 1	sich erinnern
teitä (*zu:* te, teidän)	ihr, Sie
meitä (*zu:* me, meidän)	wir
mehän olemme	wir sind doch
ei myöskään	auch nicht
heitä (*zu:* he, heidän)	sie
kieliä (*zu:* kieli, kielen, kieltä)	Sprachen (Mehrz. unbest. Form)
liike|mies, -miehen, -miestä	Geschäftsmann
Mennään vaan!	Ja, lass uns gehen!
raha, rahan, rahaa	Geld
tarpeeksi	genug
kännykkä, kännykän, kännykkää	Handy
vuokrata, vuokraan 4	mieten
tekemässä (*zu:* tehdä, teen 2); olla tekemässä	gerade machen
Mitä olet tekemässä?	Was machst du gerade?
Helsingin Sanomat, -Sanomien, -Sanomia	Helsingin Sanomat (finn. Tageszeitung)
rakastaa, rakastan 1 (+ Part.)	jdn., etw. lieben
jotakin	irgendetwas
ketä (*zu:* kuka, kenen)	wer, wen
Ketä sinä rakastat?	Wen liebst du?
Mitä sinä rakastat?	Was liebst du?
odottaa, odotan 1 (+ Part.)	auf etw./jdn. warten
Ketä sinä odotat?	Auf wen wartest du?
Mitä sinä odotat?	Worauf wartest du?
virkailija, -n, -a	Angestellte/r
bussi, -n, -a	Bus
auttaa, autan 1 (+Part.)	jdm. helfen
Ketä sinä autat?	Wem hilfst du?
päästä, pääsen 3	kommen, gelangen
apu, avun, apua	Hilfe
Apua!	Hilfe!
Kiitos avusta!	Danke für die Hilfe!
ruusu, -n, -a	Rose
ihmi|nen, -sen, ihmistä	Mensch
kissa, -n, -a	Katze
ikkuna, -n, -a	Fenster
valkoi|nen, -sen, valkoista	weiß
huone, huoneen, huonetta	Zimmer
hylly, -n, -ä	Regal
Eurooppa, Euroopan, Eurooppaa	Europa
puu, -n, -ta	Baum, Holz
kappale, kappaleen, kappaletta	Lektion, Stück
maksaa, maksan 1	kosten, bezahlen
radio, -n, -ta	Radio
euro, -n, -a	Euro
sentti, sentin, senttiä	Cent, Zentimeter

Kahdestoista kappale
Zwölfte Lektion

A. Kertaustehtäviä Wiederholungsaufgaben

1. Järjestelkää lauseet niin, että syntyy dialogi!
Ordnen Sie die Sätze so, dass ein sinnvoller Dialog entsteht!

a. Terve Pekka. Mitä kuuluu?

1. Myös hyvää. Minne olet menossa?
2. No selvä. Nyt minun täytyy mennä. Minulla on jo kiire.
3. Mikä Puijonsarvi on ja missä se on?
4. Tapaan Marjan aseman edessä.
5. Terve Pekka. Mitä kuuluu?
6. Valitettavasti minulla ei ole aikaa huomenna. Mutta perjantaina minulla on aikaa.
7. Niin minullakin. Nähdään sitten perjantaina.
8. No hei. Ihan hyvää kiitos. Entä sinulle?
9. Missä tavataan?
10. Olen menossa Sokokselle. Entä sinä?
11. Mitä teet asemalla?
12. Tavataan Puijonsarven edessä!
13. No hyvä, tavataan sitten perjantaina.
14. Minä olen menossa kirjakauppaan ja sitten käyn vielä asemalla.
15. Onko sinulla huomenna aikaa? Olisi kiva tavata!
16. Puijonsarvi on ravintola ja se on Puijonkadulla.

b. Onko Paula tavattavissa?

1. En tiedä, mutta luulen, että hän menee syömään.
2. Missä hän on?
3. Koposella.
4. Hän on nyt uimassa.
5. Mikon kanssa.
6. Hmm. Onko hänellä huomenna aikaa?
7. Päivää. Täällä on Jaakko Nieminen. Onko Paula tavattavissa?
8. Onko hänellä aina kiire?
9. Hei hei.
10. Mitä hän tekee, kun hän tulee uimasta?
11. Kenen kanssa hän menee syömään?
12. No kerro terveisiä minulta. Ja ehkä hän voi soittaa minulle ....
13. Selvä. Hei.
14. Hetkinen. Huomenna on lauantai. Lauantaina hän menee tanssimaan.
15. Hei Jaakko. Valitettavasti Paula ei ole kotona.
16. Entä sunnuntaina?
17. Sunnuntaina hän käy Pekan luona ja maanantaina kirjastossa ...
18. On.

c. Anteeksi, voitteko sanoa minulle, missä museo on?

1. Me olemme nyt torilla. Tuo katu tuolla oikealla on Kirkkokatu.
2. Anteeksi, voitteko sanoa minulle, missä museo on?
3. Vasemmalle. Oletteko Te saksalainen?
4. Vai niin. Voitteko vielä sanoa, missä täällä on hyvä ravintola? Käyn ensin museossa ja sitten haluan mennä syömään.
5. Sepä kiva. Minulla on ystävä, joka on kotoisin Kölnistä. Hän asuu nyt Hampurissa.
6. Hetkinen, se on Kirkkokadulla tuomiokirkon lähellä.
7. Esimerkiksi tuo Rosso on ihan kiva paikka.
8. Olen. Olen Kölnistä ja olen nyt lomalla täällä.
9. Ja missä Kirkkokatu on?
10. Kiitos.
11. Kun olen Kirkkokadulla, täytyykö minun mennä oikealle vai vasemmalle?
12. Ei kestä.

Kahdestoista kappale

2. Tästä dialogista puuttuvat verbit. Lukekaa teksti ja lisätkää verbit luettelosta!

Bei diesem Dialog fehlen die Verben. Setzen Sie die unten angegebenen Verbformen ein!

1. Mitä sinä .... huomenna?

2. Huomenna minun .... kaupassa.

3. Missä kaupassa sinä ....?

4. .... kirjakaupassa Tulliportinkadulla.

5. Mitä ....?

6. .... suomalais-saksalaisen sanakirjan.

7. Miksi .... uuden sanakirjan?

8. Minulla .... loma ja .... lomalla Saksaan.

9. Miten .... sinne?

10. Lentokoneella.

11. Minne .... Saksassa?

12. Düsseldorfiin. Minulla .... siellä hyvä vanha ystävä. Hänen nimensä

.... Peter. .... , että sinä .... hänet.

13. Kyllä minä Peterin ....! .... terveisiä minulta!

14. Kiitos ....

15. .... Peter nyt suomea?

16. Peter .... vielä .... suomea, mutta hän ....

.... suomen kurssille.

17. Sepä kiva. No hyvää matkaa sinulle!

18. Kiitos. Ja ....!

19. ....!

ei puhu	kerron	soitellaan	on	haluaa	luulen	on
täytyy	haluan	matkustaa	ostan	teet	käydä	matkustat
ostat	tunnen	käyn	menet	ostat	tunnet	käyt
mennä	puhuuko	kerro	on	soitellaan		

3. Lisätkää puuttuvat päätteet!
Setzen Sie die fehlenden Endungen ein!

a. Onko sinulla Arjan osoite?

1. Leena Mäkinen.

2. Hei Leena, täällä on Pirjo. Mitä kuuluu?

3. Kiitos ei mitään erikoista. Entä sinu......................?

4. Oikein hyvää. Lähde........................ huomenna loma.........................

5. Minne matkusta.....................?

6. Ranska................... . Halua.............. käydä Pariisi.............. . Tunne........... sinä Pariisi..........?

7. Kyllä tunne................ Pariisi on ihana kaupunki. Käy............... myös Arja............ luona? Hän asuu nyt Pariisi............ .

8. Onko sinu.............. Arja................ osoite?

9. Kyllä minu................... on. Hetkinen. E........... tiedä juuri mi............. se on, mutta minu......... on hänen puhelinnumero. Halua.......... sen?

10. Halua.............. .

11. Se on 69973564.

12. Kiitos. Kerronko terveisiä Arja....................?

13. Kerro!! – Mi.............. päivä................ olet taas kotona?

14. Sunnuntai.............. . Jos sinu.............. on aika............., voisimme tavata sunnuntai.............

15. Valitettavasti minu.............. ei ole aikaa. Sunnuntai................ olen Helsingi..................., mutta tule................ koti................ maanantai....................

16. No tavata.................... sitten maanantai.....................!

17. Mi...................... tavataan?

18. Tavata.................. vaikka Sokokse................ edessä ja mennään sitten kahvi................ tai syömä...........................!

19. Selvä ja hyvä.................. matka.....................!

20. Kiitos. Hei hei!

Kahdestoista kappale

b. Minne olet menossa?

1. Terve, minne olet meno............................?

2. Olen meno......................... kirjasto.......................... . Entä sinä?

3. Minä olen meno......................... tori........................ .Minne menet kirjasto...............?

4. En tiedä vielä. Jos sinu............... on aikaa, voisimme käydä jossakin kahvi......................

5. Minun täytyy käydä myös panki...................ja posti................., mutta sitten voimme mennä

   kahvi...............

6. Asemakadu.................... on pieni uusi kahvila. Se on oikein kiva.

7. No mennään sinne!

8. Tavataanko kahvila.................... edessä?

9. Minunhan täytyy käydä myös posti.............. ja posti on kirjasto................. lähellä. Voimme

   tavata kirjasto............... ja mennä sitten yhdessä Asemakadu............... kahvila....................

10. Se on hyvä idea.

11. Hei.

12. Hei.

4. Myös tämä on dialogi. Lukekaa teksti ja erottakaa sanat toisistaan, niin että syntyy ymmärrettävä teksti.

Auch hier handelt es sich um einen Dialog. Lesen Sie den Text und trennen Sie die Wörter so, dass ein verständlicher Text entsteht. Sprechen Sie sich die Wörter, die Sie erkannt haben, laut vor.

onkopekkakotona?

onkopekkakotonaonmuttahänelläonkovakiiremiksihänelläonkiirehänentäytyyensinkäydä
kaupassajasittenhänmeneesyömäänminnehänmeneesyömäänravintolaanmihinravintolaan
rossoonmissärossoonseonhaapaniemenkadullatorinlähellämeneeköhänyksinrossooneimene
hänmeneesinnekaijankanssaahaatiedätköonkopekallahuomennaaikaaluulenettähänelläon
huomennaaikaamitähaluattetehdäehkämemenemmemuseoonvoitkosanoahänelleettämetapaa
mmehuomennamuseonedessäkelloviisiselväheihei.

5. Kertauskysymyksiä. Muodostakaa pikkuryhmiä ja kysykää toisiltanne. (Annetut vastaukset ovat esimerkkejä) Miettikää lisää kysymyksiä!

Wiederholungsfragen. Bilden Sie kleine Gruppen, und stellen Sie sich die Fragen gegenseitig!
(Die hier angegebenen Antworten dienen als Beispiel.) – Denken Sie sich weitere Fragen aus!

Kenelle kirjoitat kirjeen?	Kirjoitan kirjeen Mikolle.
Kenelle soitat?	Soitan Leenalle.
Soitatko Otolle tänään?	En soita hänelle tänään, mutta ehkä huomenna.
Kenestä tykkäät?	Tykkään Liisasta.
Pidätkö Pekasta?	Kyllä pidän.
Onko sinusta kiva matkustaa junalla?	Ei ole. Minusta on kiva matkustaa laivalla.
Mistä tykkäät?	Tykkään kahvista.
Mistä olet kiinnostunut?	Olen kiinnostunut historiasta.
Mistä bussi lähtee?	Bussi lähtee Lahdesta.
Minne laiva saapuu?	Laiva saapuu Helsinkiin.
Miten matkustat Suomeen?	Autolla ja laivalla.
Minä päivänä käyt kaupassa?	Käyn kaupassa perjantaina.
Minä päivänä olet kotona?	Olen kotona vain sunnuntaina.
Oletko huomenna tavattavissa?	Valitettavasti en, mutta olen tavattavissa maanantaina.
Käytkö perjantaina ravintolassa syömässä?	En käy.
Mitä teet huomenna?	Huomenna käyn kirjastossa.
Tuletko suomen kurssille bussilla?	Tulen kurssille tavallisesti autolla.
Miten menet tavallisesti työhön?	Metrolla ja bussilla.
Onko sinulla huomenna aikaa?	Kyllä on.
Menetkö asemalle tavallisesti taksilla?	En, vaan pyörällä.
Kenen luona käyt sunnuntaina?	Käyn Heiden ja Lotharin luona.
Mennäänkö huomenna syömään?	Mennään vaan!
Tiedätkö, missä täällä on hyvä ravintola?	Asemakadulla on hyvä ravintola.
Missä me tavataan?	Tavataan vaikka kirjastossa!
Mitä ostat?	Ostan uuden sanakirjan ja Suomen kartan. Ostan maitoa, leipää ja juustoa.
Onko sinulla uusi kamera?	Ei ole. Tämä kamera on jo aika vanha.
Kenelle kirjoitat lomalta?	Kirjoitan Hannalle, Pekalle ja tietysti sinulle.
Pidätkö sinä oluesta?	Kyllä pidän. Minusta olut on hyvää.
Onko sinusta kahvi hyvää?	On. Juon joka päivä kahvia.
Onko sinusta kiva oppia suomea?	On. Suomi on mielenkiintoinen kieli.
Missä käyt lauantaina?	Lauantaina käyn aina torilla.
Onko sinulla sunnuntaina aikaa?	On. Mitä tehdään?
Saanko soittaa sinulle ensi viikolla?	Tietysti.
Minne matkustat lomalla?	Suomeen. Entä sinä?
Matkustatko Suomeen laivalla?	Matkustan.
Onko teillä oma mökki?	On. Meillä on mökki Kerimäellä.
Otatko kahvia?	Kiitos mielelläni.
Onko täällä jossakin hyvä baari?	Luulen, että tuolla Kauppakadulla on hyvä baari.

6. Muunna lauseet kielteisiksi:

Verneinen Sie die folgenden Sätze:

a. Asun Kauppakadulla. ....

b. Ymmärrän espanjaa. ....

c. Sinä tapaat Pekan hotellin edessä. ....

d. Hän matkustaa mielellään lentokoneella. ....

e. Hän on kaupassa. ....

f. Me puhumme ruotsia. ....

g. Me juomme viiniä. ....

h. Te syötte paljon juustoa. ....

i. Te istutte tuolla oikealla. ....

j. He ostavat uuden auton. ....

k. He ajavat Lahteen omalla autolla. ....

l. Minulla on uusi kamera. ....

m. Sinulla on kaunis talo. ....

n. Hänellä on hyvä sanakirja. ....

o. Meillä on aikaa. ....

p. Teillä on vanha kartta. ....

q. Heillä on pieni mökki. ....

7. Lisää sopiva kysymyssana ja esitä kysymykset vierustoverillesi!

Setzen Sie ein passendes Fragewort (siehe im Kasten unten) ein und stellen Sie Ihrem Nachbarn die Fragen!

a. .... olet tulossa?

b. .... sinä asut?

c. .... menet tavallisesti työhön?

d. .... teet huomenna?

e. .... tavataan?

f. .... luona käyt keskiviikkona?

g. .... laiva lähtee?

h. .... tapaat huomenna?

i. .... tykkäät?

j. .... soitat tänään?

k. .... olet kiinnostunut?

l. .... laiva saapuu?

m. .... sinä olet?

n. .... kahvi on?

o. .... ilma tänään on?

p. .... juna lähtee?

q. .... tämä sanakirja on hyvä?

r. .... kirjoitat postikortin?

s. .... olet menossa?

t. .... päivänä käyt kaupassa?

u. .... sinun osoite on?

v. .... käyt lauantaina?

w. .... olet ammatiltasi?

x. .... kanssa menet lomalle?

y. .... olet kotoisin?

z. .... tämä kello on?

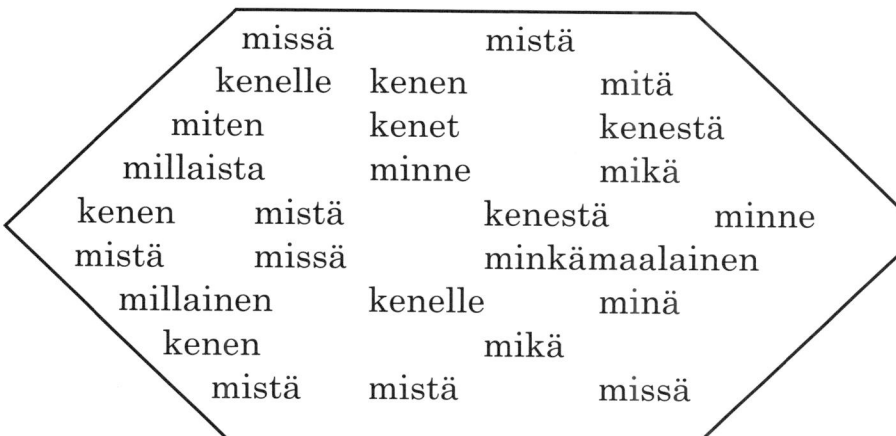

missä   mistä
kenelle kenen mitä
miten kenet kenestä
millaista minne mikä
kenen mistä kenestä minne
mistä missä minkämaalainen
millainen kenelle minä
kenen mikä
mistä mistä missä

8. Etsi kunkin verbin perusmuoto (infinitiivi) ja yks. 1 persoona:

Suchen Sie jeweils Infinitiv und 1. Person Einzahl eines Verbs heraus und ordnen Sie sie den Verbtypen zu:

puhun   saapua   kirjoittaa   soittaa   asua   käyn   saada

juoda   ottaa   matkustaa   pidän   ostan

tapaan   lähteä   tunnen   istua   käydä   voida   lähden

olen   panna   istun   tykätä   tiedän   soitan

saan   pitää   asun   tuntea   juon   olla   panen

tietää   voin   menen   tavata   ostaa   kirjoitan

matkustan   tykkään   otan   saavun   puhua   mennä

Verbtyp 1	Verbtyp 2	Verbtyp 3	Verbtyp 4

9. Muodosta lauseita, joissa käytät eri persoonia!

Bilden Sie Sätze, in denen verschiedene Personen etwas tun!

10. Lisää lauseisiin sopiva verbi ja esitä kysymykset vierustoverillesi!

Setzen Sie ein passendes Verb ein und fragen Sie Ihren Nachbarn!

soittaa	ostaa	käydä	tietää	asua	matkustaa	voida
juoda	tuntea	ottaa	olla (3x)	lähteä	mennä	istua
pitää	saapua	tavata	kirjoittaa	puhua	tykätä	saada

a. .... lentokentälle tavallisesti taksilla?

b. .... laiva Travemündeen vai Lyypekkiin?

c. ...., onko hän kotona?

d. .... teillä huomenna aikaa?

e. .... tänään ravintolassa syömässä?

f. .... suomalaisesta oluesta?

g. .... minulle ylihuomenna?

h. .... lomalla Suomeen?

i. .... Pekan torilla vai tavaratalon edessä?

j. .... kahvia?

k. .... bussi torilta?

l. .... Bärbelin hyvin?

m. .... sinä suomea?

n. .... tästä viinistä?

o. .... aamulla tavallisesti kahvia?

p. .... minulle lomalla?

q. .... antaa minulle tuon kirjan?

r. .... uuden kartan?

s. .... oppimassa suomea?

t. .... tuossa hotellissa?

u. .... kiinnostunut politiikasta?

v. .... Merja tuolla oikealla?

w. .... esitellä sinut Mikolle?

11. Kulje luokassa ja ota selvää!

Gehen Sie im Unterrichtsraum umher und finden Sie heraus, wer Italienisch usw. spricht!
Versuchen Sie durch weitere passende Fragen das Gespräch zu erweitern.

Esimerkki:

Puhutko sinä italiaa?	*En.*
Mitä kieliä sinä puhut?	*Puhun saksaa ja englantia.*
Puhutko myös espanjaa?	*En puhu vielä, mutta menen nyt espanjan kurssille.*
Minä päivänä espanjan kurssi on?	*Se on maanantaina.*
Haluatko matkustaa Espanjaan?	*Kyllä haluan.*

kuka   puhuu italiaa?
ymmärtää ruotsia?
kirjoittaa Nadjalle kirjeen?
matkustaa lomalla Suomeen?
pitää oluesta ja viinistä?
tulee suomen kurssille autolla? metrolla?
käy huomenna kaupassa?
tietää, millainen kaupunki Mikkeli on?
tykkää Suomesta?
tuntee Nielsin?
asuu Großhansdorfissa?
käy usein uimassa?
menee tänään ravintolaan syömään?
käy lauantaina teatterissa?
tietää, lähteekö Finnhansa Travemündestä vai Lyypekistä?
tietää, mikä Senjan puhelinnumero on?
tietää, missä Nadja nyt asuu?
juo paljon kahvia?
panee teehen sokeria?
on laborantti ammatiltaan?

kenestä   on kiva opiskella suomea?
suomalainen leipä on hyvää?

kenellä   on punainen auto?
on aina kova kiire?

12. Täydentäkää seuraavat lauseet laittamalla suluissa olevat sanat oikeaan muotoon!

Vervollständigen Sie die folgenden Sätze, indem Sie die in Klammern stehenden Wörter in der richtigen Form einsetzen!

1. Minä ostan .... (einen/den Stift).

   Ostatko sinä .... (ein neues Auto)?

   Saanko ottaa .... (diese Zeitung)?

Pekka tapaa .... (Leena) kirjastossa.
Esittelen .... (Mikko) teille huomenna.

2. Minulla on .... (einen guten Stift).
Meillä on .... (ein kleines Haus).
Me ostetaan .... (ein neues Boot).
Huomenna me kirjoitetaan .... (eine Postkarte) Leenalle!
Minun täytyy ostaa .... (einen neuen Fernseher).
Voitko sinä ostaa .... (die Blumen)?
Kuka ostaa .... (die Bananen)?

3. Tunnetko .... (mich) vielä?
Tunnen .... (sie) kaikki.
Voin ottaa .... (euch) mukaan.
Saanko esitellä .... (dich) Mikolle?
Esitteletkö .... (uns) sinun uudelle ystävälle?

4. Juotko sinä .... (Kaffee)?
Syön mielelläni .... (Brot).
Minulla ei ole aikaa. Olen kirjoittamassa .... (einen Brief).
Oletko lukemassa .... (dieses Buch)?
Minä rakastan .... (dich)!
Sinä puhut hyvin .... (Finnisch).
En osta .... (dieses Buch).
Me ei kirjoiteta .... (den Brief) tänään.
Meillä ei ole ....(ein Sommerhaus).
Minulla on .... ja .... (Kaffee, Tee).
Onko sinulla .... (Zeit)?
Voinko auttaa .... (dir)?
Odotatko .... (auf mich)?
Ajattelen ....(an dich) usein!

5. Saanko soittaa .... (dich) huomenna?
Tykkään .... (dich).
Hän haluaa tutustua .... (dich).
Käyn .... (dich) luona ensi perjantaina.
Saanko kysyä .... (dich) jotakin?

Betrachten Sie nun zunächst die Gruppen 1-4! Die eingesetzten Wörter sind Objekte im finnischen Satz. Welche Formen kann ein Objekt haben? Welche Regeln stellen Sie fest? Welche Formen stehen in den entsprechenden deutschen Sätzen?
In den Beispielen unter 5 handelt es sich im Finnischen um so genannte adverbiale Bestimmungen. Vergleichen Sie diese mit den deutschen Entsprechungen! Lassen sich Regeln beobachten? Vergleichen Sie hierzu die Erläuterungen zum Objekt im Grammatikteil.

13. Entä, mitä nyt? – Tässä on tilanteita, joissa on hyvä osata suomea.
Keksikää dialogeja!

Was nun? Hier sind Situationen dargestellt, in denen es gut ist, Finnisch zu können. Denken Sie sich Dialoge aus!

– Sinä soitat hyvälle ystävälle ja haluat tavata hänet? Mitä haluatte tehdä yhdessä? Missä ja milloin te tapaatte?

– Tapaat kadulla ystävän. Haluat tietää, mitä hänelle kuuluu, missä hän nyt asuu, minne hän on menossa? Mitä voisitte tehdä yhdessä?

– Olet lomalla Suomessa. Tapaat mielenkiintoisen ihmisen ja haluat tutustua häneen paremmin. Mitä kysyt häneltä? Mitä kerrot itsestäsi?

– Olet lomalla Suomessa ja haluat käydä pankissa. Et tiedä, missä pankki on, mutta sinulla on kartta mukana. Ystävällinen suomalainen haluaa auttaa sinua!

C. Landeskunde

Sisu – die Urkraft der Finnen, ist eine Eigenschaft, die man nicht mit einem Wort übersetzen kann. Sisu bedeutet Ausdauer, Durchhaltevermögen, Energie, nicht aufgeben, Dickköpfigkeit, Sturheit – im positiven Sinne natürlich. Ohne »sisu« hätten die Finnen in der Kälte und Dunkelheit und in der kargen Natur gar nicht überleben können. »Sisu« braucht man übrigens auch zum Finnischlernen. Wer bislang im Unterricht durchgehalten hat, der hat genügend »sisu«, um auch weiterzumachen! »Sisulla eteenpäin«!

D. Sanasto

Puijon|sarvi, -sarven, -sarvea	Name eines Restaurants	vaikka	zum Beispiel, obgleich
		minunhan täytyy	ich muss doch
niin minullakin	ja, ich auch!	metro, -n, -a	Metro, U-Bahn
kanssa (Gen. + kanssa)	mit	metrolla	mit der U-Bahn
minulta (*zu:* minä, minun, minua)	von mir	ylihuomenna	übermorgen
		aamulla (*zu:* aamu, -n, -a)	am Morgen
joka	der, die, das (Rel.pron.)	sokeri, -n, -a	Zucker
suomalais-saksalai|nen, -sen, -saksalaista	finnisch-deutsche/r, -s	laborantti, laborantin, laboranttia	Laborant, -in
paikka, paikan, paikkaa	Platz, Stelle, Ort	ajatella, ajattelen 3	denken, überlegen
hänen nimensä = hänen nimi	sein/ihr Name	voisitte (*zu:* voida, voin 2)	ihr könntet
Hyvää matkaa!	Gute Reise!	tutustua, tutustun 1 (+ Illativ)	kennen lernen
sinulle (*zu:* sinä, sinun sinua)	dir, für dich, an dich	kysyä, kysyn 1 (+ Abl.)	jdn. fragen
		ystävälli|nen, -sen, ystävällistä	freundlich
ihana, -n, -a	herrlich		
kahvila, -n, -a	Café	paremmin	besser

Feiertage

Zu **Ostern** gibt es eine traditionelle Süßspeise, die sehr beliebt ist: *mämmi*. Sie wird aus Roggenmehl, Zucker, Wasser und Gewürzen hergestellt und mit Sahne und Zucker gegessen. Weidenzweige, bemalte Eier und *rairuoho*, das Ostergras, das in Schälchen gezüchtet wird und einen Hauch von Frühling bringt, gehören zu den gebräuchlichen Osterdekorationen. Zu Ostern sagt man *hyvää pääsiäistä* »schöne Ostern« oder »*iloista pääsiäistä* »frohe Ostern«.

Eine alte Tradition zu Ostern sind auch die Osterhexen *(trullit)*. Früher glaubte man, die Hexen erschienen in der Osternacht und brächten Menschen oder Tieren Unglück. Um sie zu vertreiben, wurden mancherorts, insbesondere im westlichen Finnland, Osterfeuer angezündet. Die Hexentradition wird heute von Kindern weitergeführt, die als Hexen verkleidet am Palmsonntag von Tür zu Tür gehen, Gedichte vortragen und den Hausbewohnern als Glücksbringer mit Krepppapier geschmückte Weidenzweige übergeben. Als Dank erhalten sie Süßigkeiten. Diese Tradition ist besonders im östlichen Finnland verbreitet.

Der **1. Mai** ist *vappu*, das Fest der Studenten und der Arbeiter. Der 30. April ist *vapunaatto*, der Vorabend vom 1. Mai, und wird in Finnland groß und ausgelassen gefeiert. Viele gehen tanzen, und viele ehemalige Abiturienten tragen ihre weiße »Studentenmütze«. Das selbstgemachte Zitronengetränk (*sima*) und der Spritzkuchen (*tippaleivät*) sowie Alkohol gehören ebenfalls zum 1. Mai. In größeren Städten hat *vappu* heute Karnevalscharakter, wobei die Menschen Luftballons, witzige Hüte und Trillerpfeifen kaufen und damit durch die Straßen laufen. Die Ausgelassenheit der Finnen anlässlich *vappu* mag Ausländer etwas befremden. Aber nun ist der lange, kalte und dunkle Winter endlich vorbei und der lang ersehnte Sommer steht bevor. *Hyvää vappua!*

Abiturfeier

Ende Mai/Anfang Juni erhalten die Abiturienten ihre Zeugnisse und ihre »Studentenmützen«. Zu diesem Anlass werden viele Rosen verschenkt. Die frischgebackenen Abiturienten gehen auf den Soldatenfriedhof bzw. zu einem anderen national wichtigen Denkmal und legen dort Blumen nieder.

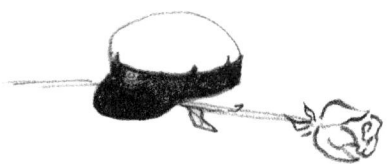

Das **Mittsommerfest**, *juhannus*, ist der Höhepunkt des Sommers. Unabhängig vom Wetter feiern viele Finnen dieses Fest in ihren Sommerhäusern. Am Vorabend *juhannusaatto* schließen die Geschäfte bereits um die Mittagszeit. Alle schmücken ihre Häuser mit Birkenzweigen

oder stellen kleine Birken vor dem Haus auf. Allein oder zusammen mit Nachbarn wird ein Johannisfeuer angezündet, es wird gesungen und getanzt und oft auch viel getrunken. Leider mit der Folge, dass die Zahl der am Mittsommerwochenende Ertrunkenen meist höher ist als sonst im ganzen Sommer. Wer nicht zum Sommerhaus fährt, kann an den städtischen Mittsommerfesten teilnehmen. Zu *juhannus* wünscht man *hyvää juhannusta!*

Der 6. Dezember ist der **Unabhängigkeitstag** Finnlands (1917). An diesem Tag stellen viele zwei Kerzen auf die Fensterbank. Es ist üblich, an den Gräbern der Kriegsopfer und auch an anderen Gräbern Kerzen aufzustellen. Im Präsidentenpalais gibt es einen großen Empfang, zu dem viele Vertreter des öffentlichen Lebens eingeladen werden.

Vietetään pikkujoulua! Lasst uns Weihnachten feiern!

Tänään on joulukuun .... päivä ja me vietämme pikkujoulua suomen kurssilla. Me puhumme suomalaisesta joulusta.
Joulukuun 24. päivä on jouluaatto. Joulukuun 25. päivä on ensimmäinen joulupäivä ja joulukuun 26. päivä on toinen joulupäivä eli Tapaninpäivä. Jouluna suomalaiset syövät kinkkua, lanttulaatikkoa, maksalaatikkoa, porkkanalaatikkoa ja joulupuuroa. Nämä ovat suomalaisia jouluruokia. Suomalaiset syövät jouluna myös pullaa, joulutorttuja ja piparkakkuja ja juovat kahvia ja glögiä.
Jouluaattona suomalaiset käyvät joulusaunassa. Ensimmäisenä joulupäivänä monet käyvät joulukirkossa. Jouluna lauletaan joululauluja.

Heute ist der .... Dezember, und wir feiern im Finnischkurs Weihnachten. Wir sprechen über das finnische Weihnachtsfest.
Der 24. Dezember ist Heiligabend. Der 25. Dezember ist der erste Weihnachtstag, der 26. Dezember ist der zweite Weihnachtstag oder Stephanstag. Zu Weihnachten essen die Finnen Schinken, Steckrübenauflauf, Leberauflauf, Mohrrübenauflauf und Weihnachtsbrei (Milchreis). Dies sind finnische Weihnachtsspeisen. Die Finnen essen zu Weihnachten auch Hefezopf, Weihnachtsgebäck und Pfefferkuchen und trinken Kaffee und Glühwein. Heiligabend gehen die Finnen in die Weihnachtssauna. Am ersten Weihnachtstag gehen viele in die Kirche. Zu Weihnachten werden Weihnachtslieder gesungen.

Suomalaiset syövät jouluna

kinkkua

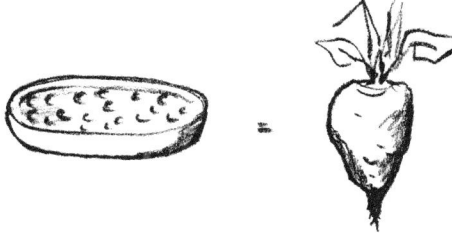

lanttulaatikkoa

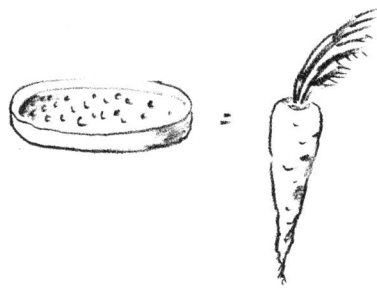

porkkanalaatikkoa

Suomalaiset juovat kahvia ja glögiä.

Tässä on joulupukki. Joulupukki asuu Korvatunturilla. Korvatunturi on Suomessa.

Tässä on tonttuja.

Mikä tämä on?
Se on kynttilä.

Joulupuu on rakennettu ♫♫

Joulupuu on rakennettu
joulu on jo ovella.
Namusia ripustettu
ompi kuusen oksilla.

Kuusen pienet kynttiläiset
valaisevat kauniisti.
Ympärillä lapsukaiset
laulelevat sulosti.

Sanat G. O. Schöneman/
Suomalainen kansansävelmä

Oi kuusipuu

Oi kuusipuu, oi kuusipuu
Ja lehväs uskolliset!
Sä vihannoitset kesäisin,
Tuot lehväs talven tuiskuihin.
Oi kuusipuu, oi kuusipuu
ja lehväs uskolliset.

Oi kuusipuu, oi kuusipuu
Ja lehväs uskolliset.
Myös aina joulun aikahan,
Sä saavut meidän majahan.
Oi kuusipuu, oi kuusipuu
ja lehväs uskolliset.

Sanat A. Zarnack & Ernst Anschütz/
saksalainen kansansävelmä/suomalaiset sanat
Matti Pesonen

Kurssi on taas tammikuussa! Hyvää Joulua ja Onnellista Uutta Vuotta teille kaikille!

Millainen ilma tänään on?
Millainen sää tänään on?

Wie ist das Wetter heute?

Tänään on ruma/huono ilma.
Sataa vettä.
Tuulee kovasti.

Heute ist schlechtes Wetter.
Es regnet.
Es ist sehr windig.

Ulkona on pilvistä, mutta ei sada.
Es ist bewölkt, aber es regnet nicht.

Tänään on kaunis sää.
Aurinko paistaa.
On aika lämmintä.

Heute ist schönes Wetter.
Die Sonne scheint.
Es ist ziemlich warm.

Suomi tänään aamulla

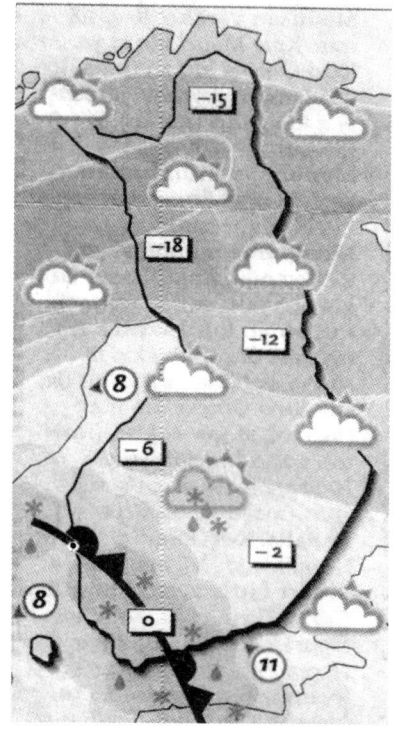

Tänään on kylmä ilma, mutta aurinko paistaa.
Heute ist kaltes Wetter, aber die Sonne scheint.

Ulkona sataa lunta ja on kylmä.
Es schneit draußen und es ist kalt.

Tänään on aika viileä ilma.
Heute ist ziemlich kühles Wetter.

Ulkona on kostea ja kylmä ilma.
Draußen ist nasses und kaltes Wetter.

Tänään on pakkasta.
Heute ist es unter null Grad.

Monesko päivä tänään on? Welches Datum haben wir heute?

Järjestysluvut Ordnungszahlen

1. – 10.	11. – 20.	21. – 31.
ensimmäinen	yhdestoista	kahdeskymmenesensimmäinen
toinen	kahdestoista	kahdeskymmenestoinen
kolmas	kolmastoista	kahdeskymmeneskolmas
neljäs	neljästoista	kahdeskymmenesneljäs
viides	viidestoista	kahdeskymmenesviides
kuudes	kuudestoista	kahdeskymmeneskuudes
seitsemäs	seitsemästoista	kahdeskymmenesseitsemäs
kahdeksas	kahdeksastoista	kahdeskymmeneskahdeksas
yhdeksäs	yhdeksästoista	kahdeskymmenesyhdeksäs
kymmenes	kahdeskymmenes	kolmaskymmenes
		kolmaskymmenesensimmäinen

Kuukaudet Die Monate

tammikuu	helmikuu	maaliskuu	huhtikuu	(1. - 4.)
toukokuu	kesäkuu	heinäkuu	elokuu	(5. - 8.)
syyskuu	lokakuu	marraskuu	joulukuu	(9. - 12.)

Esimerkiksi Zum Beispiel:
Tänään on marraskuun toinen päivä.
Tänään on toinen päivä marraskuuta.

Heute ist der 2. November.

Vuodenajat Die Jahreszeiten

Mikä vuodenaika nyt on?   Welche Jahreszeit ist jetzt?

Nyt on kevät.   Nyt on kesä.   Nyt on syksy.   Nyt on talvi.

Grammatik

1. Betonung und Aussprache

Alle finnischen Wörter werden auf der ersten Silbe betont. Das Finnische wird meistens so ausgesprochen, wie es geschrieben wird.
Einfache Vokale (*Sari* – ein Mädchenname) und einfache Konsonanten (*kuka* »wer«) werden kurz gesprochen.
Doppelvokale (*saari* »die Insel«) und Doppelkonsonanten (*kukka* »die Blume«) werden (sehr) lang gesprochen.
Bei zwei verschiedenen Konsonanten (*l, m, n* oder *r* + *k, p* oder *t*) wird der erste Konsonant lang, der zweite Konsonant kurz ausgesprochen (*ilta* »der Abend«, *kampa* »der Kamm«).
Bei einsilbigen Namen mit einem *-i* am Stamm, wird das *-i* lang ausgesprochen, z. B. *Tia, Pia* (Mädchennamen).

Beachten Sie bei der Aussprache besonders folgende Buchstaben:

ä	breit und offen	*hyvää päivää* »guten Tag«
e	kurz und offen (immer deutlich zu hören)	*kenen* »wessen«, *suomeksi* »auf Finnisch«
r	rollt sehr stark	*rouva Virtanen* »Frau Virtanen«
s	stimmlos	*suomeksi* »auf Finnisch«, *saksaksi* »auf Deutsch«, *sinä* »du«
v	wie *w* im Deutschen	*voitko* »kannst du«
y	wie *ü* im Deutschen	*hyvää yötä* »gute Nacht«
h	am Silbenende wie leichtes *ch* im Deutschen (*ich*)	*kahvi* »Kaffee«, *Lahti* (Stadt in Finnland)

In der finnischen Sprache gibt es eine Reihe von festen **Vokalkombinationen (Diphthongen)**. Bei der Aussprache ist darauf zu achten, dass beide Vokale einzeln und zu einer Silbe gehörend ausgesprochen werden: *ei, hei, suo-mek-si, myö-häs-sä, seu-ra, Eu-roop-pa*. Wenn die Finnen also *ei* sagen, hört man nacheinander *e* und *i* und nicht *ai*; würden sie *Europa* wie die Deutschen aussprechen, würden sie es mit *oi* schreiben. Bei *Eurooppa* sind aber die Vokale *e* und *u* deutlich hörbar.

Es gibt folgende Diphthonge:
ai (*ai-na* „immer"), *ei* (*lei-pä* „Brot"), *oi* (*koi-ra* „Hund"), *ui* (*ui-da* „schwimmen"), *yi* (*hyi* „pfui"), *äi* (*päi-vä* „Tag"), *öi* (*öi-tä* „Nächte"), *au* (*au-to* „Auto"), *eu* (*Eu-roop-pa* „Europa"), *iu* (*tiuk-ka* „eng"), *ou* (*jou-lu* „Weihnachten"), *äy* (*käy-dä* „gehen, besuchen"), *öy* (*pöy-tä* „Tisch"), *ie* (*pie-ni* „klein"), *uo* (*Suo-mi* „Finnland"), *yö* (*työ* „Arbeit")

Beim Buchstabieren werden einige Buchstaben anders ausgesprochen als im Deutschen. Ferner gibt es kleine Abweichungen in der Reihenfolge der Buchstaben im **Alphabet** (Dies ist wichtig zu wissen, damit Sie z.B. im Wörter- oder Telefonbuch an der richtigen Stelle nach einem Wort bzw. einem Namen suchen können):
a (aa), b (bee), c (see), d (dee), e (ee), f (äf), g (gee), h (hoo), i (ii), j (jii), k (koo), l (äl), m (äm), n (än), o (oo), p (pee), q (kuu), r (är), s (äs), t (tee), u (uu), v (wee), w (kaksois-wee), x (äks), y (üü), z (tset), å (ruotsalainen oo), ä (ää), ö (öö).
Der *u*-Umlaut, *ü*, kommt in finnischen Wörtern nicht vor, heißt aber im Finnischen »saksalainen yy«.
Die Frage, wie z. B. *Juhani* geschrieben wird, lautet *Miten »Juhani« kirjoitetaan?*, und man antwortet darauf, indem man buchstabiert: »jii, uu, hoo, aa, än, ii«.

2. Artikel und das grammatische Geschlecht

Im Finnischen gibt es keine Artikel und kein grammatisches Geschlecht: *auto* heißt z.B. je nach dem Zusammenhang »ein Auto« oder »das Auto« und *hän* »er« oder »sie«.

3. Vokalharmonie: *-ko* oder *-kö*, *-ssa* oder *-ssä*?

Welche der beiden Endungen jeweils anzufügen ist, hängt davon ab, welche Vokale im Wortstamm auftreten. Ist in dem Wort ein *a*, *o*, oder *u* vorhanden, wird die Endung ohne Umlaut benutzt. In allen anderen Fällen werden die Endungen mit Umlaut angefügt:

*Asun Hampuri**ssa**.*	*-ssa*, weil in dem Wort *a* und *u* vorkommen
*Asun Pinnebergi**ssä**.*	*-ssä*, weil in dem Wort kein *a*, *o* oder *u* vorkommt
*Olet**ko** sinä suomalainen?*	*-ko*, weil in dem Wort schon ein *o* steht
*Et**kö** asu Hampuri**ssa**?*	*-kö*, weil in dem Wort kein *a*, *o* oder *u* vorkommt
	-ssa, weil in dem Wort *a* und *u* vorkommen
*En, asun Wedeli**ssä**.*	*-ssä*, weil kein *a*, *o* oder *u* vorhanden ist

Diese Erscheinung nennt man Vokalharmonie, d. h. die Vokale *a*, *o* oder *u* können nicht in demselben einfachen Wort vorkommen wie die Vokale *ä*, *ö* oder *y*. Die Vokale *i* und *e* sind dagegen neutral und können mit allen anderen Vokalen kombiniert werden. Aus diesem Grund haben alle Endungen und Nachsilben, in denen *a, o* oder *u* vorkommen noch eine zweite Variante mit *ä, ö* oder *y*.

Hängt man finnische Endungen an ausländische Namen, spielt bei der Frage der Vokalharmonie auch die Aussprache eine Rolle, z.B.

Asun Leipzigissa.	*-ssa*, weil das *ei* hier beim deutschen Eigennamen als *ai* ausgesprochen wird.

Bei zusammengesetzten Wörtern richtet sich die Vokalharmonie nach den Vokalen des letzten Wortes:

Asun Rova\niemellä.	*-llä*, weil *Rovaniemi* ein zusammengesetztes Wort ist und im zweiten Teil kein *a, o* oder *u* vorkommt.

4. *-lainen/-läinen*

Mit der Endung *-lainen / -läinen* kann man von Länder- und Ortsnamen neue Wörter bilden, die entweder den Bewohner des jeweiligen Landes (Staatsangehöriger) oder Ortes bzw. das jeweilige Ursprungsland oder den Ort, woher etwas kommt, bezeichnen:

Hän on saksalainen.	Er ist ein Deutscher (ein deutscher Staatsangehöriger, einer mit deutschem Pass).
Tuolla on saksalainen auto.	Dort ist ein deutsches Auto (mit deutschem Kennzeichen oder ein Auto, das in Deutschland hergestellt ist).

Die Endung *-lainen / -läinen* wird an den Genitivstamm des Wortes gehängt. Den Genitivstamm erhält man, indem man von der zweiten Grundform des Wortes, dem Genitiv, die Endung *-n* abtrennt. Bei Wörtern, bei denen ein Konsonantenwechsel stattfindet (Stufenwechsel Typ I), muss »die starke Stufe« wieder eingesetzt werden, z.B. *Lahti, Lahde-n – lahtelainen* (Näheres zum Stufenwechsel beim Genitiv).

Bei vielen Ortsnamen ist der Genitivstamm bzw. die sog. starke Stufe identisch mit der Grundform des Wortes, sodass die Endung direkt an die Grundform angehängt werden kann. Die Bildung mit Hilfe des Genitivs ist wichtig bei Wörtern, bei denen z.B. der Vokal *-i-* im Genitiv zu *-e-* wird. Bei ausländischen Ortsnamen, die mit einem Konsonanten enden, wird bei der Bildung des Genitivs ein *-i-* eingefügt, das dann zum Genitivstamm gehört und somit vor der Endung *-lainen / -läinen* steht.

Hampuri, Hampuri-n – hampurilainen
Kuopio, Kuopio-n – kuopiolainen
Englanti, Englanni-n – englantilainen (Stufenwechsel: nt – nn – nt)
Lahti, Lahde-n – lahtelainen (Stufenwechsel: t – d – t)
Riihimäki, Riihimäe-n, riihimäkeläinen (Stufenwechsel k – - – k)
Rovaniemi, Rovanieme-n – rovaniemeläinen
München, Müncheni-n – müncheniläinen

Unregelmäßig sind folgende Bezeichnungen (ungewöhnliche Änderung am Stamm): *Suomi, Suome-n – suom**a**lainen*
*Ruotsi, Ruotsi-n – ruots**a**lainen*
*Venäjä, Venäjä-n – **venä**läinen*

Bei Ortsnamen, die auf *-e* enden, wird die Endung *-lainen* / *-läinen* direkt an die Grundform gehängt: *Tampere – tamperelainen*
Ein Bewohner Lapplands heißt *lappilainen* (*Lappi, Lapi-n*), während ein Same oder Lappe *lappalainen* heißt, *saksalainen* ist ein Deutscher, *saksilainen* ein Sachse.

5. Personalpronomina (die persönlichen Fürwörter)

Es gibt im Finnischen sechs Personalpronomina, drei in der Einzahl und drei in der Mehrzahl:

Einzahl		Mehrzahl	
1. minä	ich	1. me	wir
2. sinä	du	2. te/Te	ihr, Sie
3. hän	er /sie	3. he	sie

Das Pronomen *hän* in der 3. Person Einzahl heißt je nach Zusammenhang entweder »er« oder »sie«.
Die Pronomina **minä, sinä, me** und **te/Te** können im Satz weggelassen werden, wenn sie nicht besonders betont werden sollen. In der Umgangssprache werden sie allerdings oft auch dann benutzt, wenn sie nicht besonders betont werden sollen. Die Pronomina **hän** und **he** müssen dagegen immer stehen, außer bei kurzen bestätigenden Antworten, z.B.:

Onko hän kotona? – On.   Ist er zu Hause? – Ja.

Spricht man von Sachen oder Tieren, wird in der Einzahl das Pronomen **se** »es«, in der Mehrzahl **ne** »sie« gebraucht.

6. Die Verneinung

Die Verneinung erfolgt im Finnischen mit Hilfe eines Verneinungs-
worts, das in jeder Person eine eigene Form hat.

Einzahl		Mehrzahl	
en	ich nicht	emme	wir nicht
et	du nicht	ette	ihr/Sie nicht
ei	er/sie nicht	eivät	sie nicht

Von dem eigentlichen Verb des Satzes wird bei allen Personen der
Stamm der 1. Person verwendet. Man erhält ihn, indem man die
Endung -n bei der Form der 1. Pers. (ole**n** »ich bin« > ole) weglässt: en
ole »ich bin nicht«, et ole »du bist nicht« usw. Die Person erkennt man
also an dem Verneinungswort.

7. *olla* »sein«

bejahend			verneinend			
(minä)	ole*n*	ich bin	(minä)	en	ole	ich bin nicht
(sinä)	ole*t*	du bist	(sinä)	et	ole	du bist nicht
hän	on	er/sie ist	hän	ei	ole	er/sie ist nicht
(me)	ole*mme*	wir sind	(me)	emme	ole	wir sind nicht
(te)	ole*tte*	ihr seid	(te)	ette	ole	ihr seid nicht
(Te)	ole*tte*	Sie sind	(Te)	ette	ole	Sie sind nicht
he	o*vat*	sie sind	he	eivät	ole	sie sind nicht

Die Endungen der einzelnen Personen sind bei den bejahenden Formen
kursiv gedruckt. Die 3. Person Einzahl *on* und Mehrzahl *ovat* sind
unregelmäßige Formen.

8. Aussagesätze

8.1. Bejahende Aussagesätze

Bei den bejahenden Aussagesätzen ist die Wortfolge wie im Deutschen.

Minä olen Senja.	Ich bin Senja.
He ovat Helsingissä.	Sie sind in Helsinki.
Tämä on auto.	Dies ist ein Auto.

Grammatik

8.2. Verneinende Aussagesätze

Minä **en ole** Senja.	Ich bin nicht Senja.
He **eivät ole** ulkona.	Sie sind nicht draußen.
Tämä **ei ole** auto.	Dies ist kein Auto.

! Im finnischen Satz steht das Verneinungswort *en, et, ei, emme, ette, eivät* vor dem Verb.

9. Fragesätze

9.1. Fragesätze mit einem Fragewort

Es gibt im Finnischen viele Fragewörter, die eine Frage einleiten:

Kuka sinä olet?	Wer bist du?
Minkämaalainen sinä olet?	Aus welchem Land bist du?
Mikä tämä on?	Was ist dies?

! Achten Sie in Fragesätzen auf die Wortfolge: Fragewort – Subjekt – Verb! D.h., es gibt keine Umstellung wie im Deutschen.

Beachten Sie jedoch, dass die Pronomina *minä*, *sinä*, *me* und *te / Te* auch bei Fragen weggelassen werden können, z.B.

Kuka olet?	Wer bist du?

9.2. Fragesätze mit *-ko/-kö*

Wenn kein Fragewort zur Verfügung steht, werden die Fragen mit Hilfe der Fragepartikel *-ko / -kö* gebildet. Die Fragepartikel wird an das Wort gehängt, auf das die Frage zielt. Meistens ist es das Verb, das dann am Satzanfang steht.

Oletko sinä Lena?	Bist du Lena?
Asutteko te Kuopiossa?	Wohnt ihr in Kuopio?
Onko tämä auto?	Ist dies ein Auto?

Bei einer verneinten Frage steht das Verneinungswort am Satzanfang, an das dann die Fragepartikel angehängt wird:

Etkö asu Hampurissa?	Wohnst du nicht in Hamburg?
Eikö Peter ole saksalainen?	Ist Peter kein Deutscher?

10. Die Verben (Tätigkeitswörter)

Die Bildung der Gegenwartsformen (Präsens) bei den Verben ist recht vielfältig. Die Erläuterungen sollen deutlich machen, dass die scheinbaren Unregelmäßigkeiten einem Schema folgen, das letztendlich logisch und verständlich ist. Hat man das System verstanden, kann man es auch auf unbekannte Verben übertragen.
Sind die einzelnen Verbtypen bekannt, fällt das Lernen weiterer Zeitformen leichter.

!   Lernen Sie jeweils die Grundform zusammen mit der 1. Person!

10.1. Die Verbtypen

Man unterscheidet im Finnischen sechs Verbtypen, die hier in ihrer Gegenwartsform (Präsens) erläutert werden. Zu welchem Typ ein Verb gehört, erkennt man an dem Kennzeichen der Grundform (des Infinitivs). Die Personalendungen sind bei allen Verbtypen gleich. Ausnahmen gibt es bei den Verbtypen 2 und 4 bei der 3. Pers. Einz.

Einzahl	Mehrzahl
(minä) **-n**	(me) **-mme**
(sinä) **-t**	(te/Te) **-tte**
(hän) **-Vokalverlängerung**	(he) **-vat/-vät** (je nach Vokal im Wortstamm)

Bei der 1. Pers. Mehrz. ist bei allen Verbtypen zusätzlich die umgangssprachliche *wir*-Form mit einem Sternchen * versehen angegeben worden. Sie wird in 10.2. erläutert.

10.1.1. Verbtyp 1

Das Kennzeichen der Grundform ist *-a / -ä*; vor dem Kennzeichen steht ein Vokal, z.B. *asu-a* »wohnen«, *puhu-a* »sprechen«, *tietä-ä* »wissen«. Die Personalendungen werden direkt an den Verbstamm angehängt (d.h. an den Teil, der übrig bleibt, wenn das Kennzeichen der Grundform *-a / -ä* abgetrennt wird).

asu-a > asu	+ **-n**	= minä asu**n**
	+ **-t**	= sinä asu**t**
	+ **-Vokalverlängerung**	= hän asu**u**
	+ **-mme**	= me asu**mme**/me asutaan*
	+ **-tte**	= te asu**tte**/Te asu**tte**
	+ **-vat**	= he asu**vat**

10.1.1.1. Konsonantenveränderungen (Stufenwechsel)

Am Stamm eines Wortes kann es bei *k*, *p* und *t* zu Konsonantenveränderungen kommen. Aus diesem Grunde empfiehlt es sich, neben der Grundform die Form für die erste Person mitzulernen, weil man daran erkennen kann, ob ein Konsonant verändert wird oder nicht, z.B. Grundform *ottaa* »nehmen«, 1. Pers. *otan* »ich nehme«; *ymmärtää* »verstehen«, *ymmärrän* »ich verstehe«.

Diese Veränderung der Konsonanten nennt man **Stufenwechsel**, und man unterscheidet zwischen starker (hier *-tt-* und *-rt-*) und schwacher Stufe (hier *-t-* und *-rr-*). Bei einem Verb vom Verbtyp 1 mit Stufenwechsel steht die **starke Stufe** immer bei der **Grundform** sowie in der **3. Person** Einzahl und Mehrzahl (*hän, he*). **Alle anderen Personalformen sind schwach** (*minä, sinä, me, te*). Das ist der Stufenwechsel Typ I:

otta-a > ota nehmen	ymmärtä-ä > ymmärrä verstehen
otan	ymmärrän
otat	ymmärrät
hän ottaa	hän ymmärtää
otamme/otetaan*	ymmärrämme/ymmärretään*
otatte	ymmärrätte
he ottavat	he ymmärtävät

Folgende Konsonantenveränderungen können vorkommen:

stark	schwach		
kk	k	nu**kk**ua, nukun	schlafen, ich schlafe
pp	p	o**pp**ia, opin	lernen, ich lerne
tt	t	o**tt**aa, otan	nehmen, ich nehme
k	-	lu**k**ea, luen	lesen, ich lese
p	v	kyl**p**eä, kylven	baden, ich bade
t	d	pi**t**ää, pidän	mögen, ich mag
		tie**t**ää, tiedän	wissen, ich weiß
nt	nn	a**nt**aa, annan	geben, ich gebe
rt	rr	ke**rt**oa, kerron	erzählen, ich erzähle
lke	lje	ku**lke**a, kuljen	gehen, ich gehe
rke	rje	sä**rke**ä, särjen	etw. zerbrechen, ich zerbreche etw.

10.1.2. Verbtyp 2

Das Kennzeichen der Grundform ist *-da/-dä*. Vor dem Kennzeichen steht ein langer Vokal (Doppelvokal) oder ein Diphthong (eine Vokalkombination), z.B. *saa-da* »dürfen, bekommen«; *voi-da* »können«; *syö-dä* »essen«.

Auch bei diesem Verbtyp werden die Personalendungen direkt an den Stamm gehängt. Da der Stamm am Ende immer zwei Vokale aufweist

(langer Vokal oder Diphthong), wird in der 3. Pers. Einz. keine Vokal-
verlängerung vorgenommen, d.h. Stamm und 3. Pers. Einz. lauten
gleich:

saa-da > saa-	voi-da > voi-	syö-dä > syö-
saan	voin	syön
saat	voit	syöt
hän **saa**	hän **voi**	hän **syö**
saamme/saadaan*	voimme/voidaan*	syömme/syödään*
saatte	voitte	syötte
he saavat	he voivat	he syövät

Bei den Verben *näh-dä* und *teh-dä* steht vor dem Kennzeichen ein Kon-
sonant und die Bildung der Personalformen ist unregelmäßig:

näh/dä sehen	teh/dä tun, machen
näen	teen
näet	teet
hän näkee	hän tekee
näemme/nähdään*	teemme/tehdään*
näette	teette
he näkevät	he tekevät

10.1.3. Verbtyp 3

Bei diesem Verbtyp endet die Grundform auf *-la / -lä*, *-na / -nä*, *-ra / -rä* oder
-ta / -tä; vor dem Kennzeichen steht immer ein Konsonant, und zwar:

l vor *-la / -lä*	luul-la	meinen
n vor *-na / -nä*	pan-na	legen, setzen
r vor *-ra / -rä*	pur-ra	beißen
s vor *-ta / -tä*	nous-ta	aufstehen

Bei der Bildung der Personalformen wird an den Stamm zunächst der
Bindevokal *-e* gehängt und erst dann die jeweilige Personalendung. In
der 3. Person Einzahl wird der Bindevokal *-e* verdoppelt:

luul-la > luul-e	pan-na > pan-e	pur-ra > pur-e	nous-ta > nous-e
luulen	panen	puren	nousen
luulet	panet	puret	nouset
hän luulee	hän panee	hän puree	hän nousee
luulemme/ luullaan*	panemme/ pannaan*	puremme/ purraan*	nousemme/ noustaan*
luulette	panette	purette	nousette
he luulevat	he panevat	he purevat	he nousevat

10.1.3.1. Konsonantenveränderungen (Stufenwechsel)

Dieser Verbtyp kennt Stufenwechsel nur bei den Verben auf *-la / -lä*, z.B. die Veränderung *-t- > -tt-*. Dabei handelt es sich um den Stufenwechsel Typ II, die Grundform ist schwach (*-t-*), alle Personalformen sind stark (*-tt-*):

esitel-lä > esittel-e vorstellen
esittelen
esittelet
hän esittelee
esittelemme/esitellään*
esittelette
he esittelevät

Das Verb *olla* »sein« gehört auch zum Typ 3. Die Formen für *hän* und *he* sind jedoch unregelmäßig.

10.1.4. Verbtyp 4

Das Kennzeichen dieses Verbtyps ist *-ta / -tä*; davor steht ein Vokal, meist *-a- / -ä-*, z.B. *huomata* »merken«, *osata, osaan* »können«, aber auch andere Vokale können vor dem Kennzeichen stehen, z.B. *-u-* (*haluta* »wollen«), *-o-* (*kadota* »verschwinden«), *-e-* (*ruveta* »anfangen«, vgl. aber Verbtyp 6) oder *-i-* (*selvitä* »zurechtkommen«, vgl. aber Verbtyp 5). Bei der Bildung der Personalformen wird an den Stamm zunächst der Vokal *-a- / -ä-* angefügt und dann die jeweilige Personalendung. In der 3. Pers. Einz. wird dieser zusätzliche Vokal verdoppelt, außer bei Verben, deren Stamm auf *-a / -ä* endet:

halu-ta > halu-a wollen	huoma-ta > huoma-a merken
haluan	huomaan
haluat	huomaat
hän haluaa	hän **huomaa**
haluamme/halutaan*	huomaamme/huomataan*
haluatte	huomaatte
he haluavat	he huomaavat

10.1.4.1. Konsonantenveränderungen (Stufenwechsel)

Bei diesem Verbtyp ist der Stufenwechsel Typ II möglich, d.h., die Grundform ist schwach, während alle Personalformen stark sind (vgl. Typ 3: *esitellä*):

tava-ta > ta**p**a-a treffen
ta**p**aan
ta**p**aat
hän ta**p**aa
ta**p**aamme/tavataan*
ta**p**aatte
he ta**p**aavat

Folgende Veränderungen durch Stufenwechsel sind möglich:

schwach	stark		
v	**p**	tavata, ta**p**aan	treffen, ich treffe
k	**kk**	tykätä, ty**kk**ään	mögen, ich mag
p	**pp**	hypätä, hy**pp**ään	springen, ich springe
rr	**rt**	kerrata, ke**rt**aan	wiederholen, ich wiederhole

10.1.5. Verbtyp 5

Die Grundform endet auf -ta / -tä nach dem Vokal -i, z.B. vali-ta »wählen«, tarvi-ta »brauchen, benötigen«. Bei der Bildung der Personalformen wird bei allen Personen -tse- an den Stamm angehängt, anschließend die jeweilige Personalendung. In der 3. Pers. Einz. wird das -e- von -tse- verdoppelt. Bei diesem Verbtyp ist kein Stufenwechsel möglich:

vali-ta > vali-tse wählen
valitsen
valitset
hän valitsee
valitsemme/valitaan*
valitsette
he valitsevat

Die Verben selvitä »zurechtkommen« und hävitä »verloren gehen« sind Ausnahmen und gehören zum Verbtyp 4.

10.1.6. Verbtyp 6

Verben dieses Typs kommen in diesem Buch nicht vor.
Die Grundform endet auf *-ta* / *-tä*, und davor steht der Vokal *-e*, z.B.
vanhe-ta – »älter werden«. Zur Bildung der Personalformen fügt man
an den Stamm zunächst die Buchstaben *-ne-*, dann die jeweilige Per-
sonalendung. In der 3. Pers. Einz. wird das *-e-* von *-ne-* verdoppelt. Die
meisten Verben dieses Typs sind Ableitungen von Adjektiven (Eigen-
schaftswörtern).

10.1.6.1. Konsonantenveränderungen (Stufenwechsel)

Bei diesem Verbtyp kann der Stufenwechsel Typ II vorkommen

vanhe-ta > vanhe-ne älter werden	kalve-ta > kalpe-ne blass werden
vanhenen	kalpenen
vanhenet	kalpenet
hän vanhenee	hän kalpenee
vanhenemme/vanhetaan*	kalpenemme/kalvetaan*
vanhenette	kalpenette
he vanhenevat	he kalpenevat

10.2. Die umgangssprachliche *wir*-Form

In der gesprochenen Sprache (freie Umgangssprache) wird in der 1.
Pers. Mehrz. (*wir*-Form) anstelle von z.B. *me asumme* oft die Form ***me
asutaan*** oder statt *me ymmärrämme* die Form ***me ymmärretään***
gebraucht.
Bei diesen Formen handelt es sich eigentlich um **Passivformen**,
asutaan bedeutet demnach »man wohnt, es wird gewohnt« und *ymmär-
retään* »man versteht, es wird verstanden«. Da die Verwendung dieser
Formen für die 1. Pers. Mehrz. (*me* »wir«) sehr verbreitet ist, sollte man
sie gleich mitlernen.

Beim Verbtyp 1 wird diese Form gebildet, indem die Endung ***-taan,
-tään*** an den Stamm der 1. Pers. Einz. tritt, also an die Form, die wir
bereits von der Verneinung kennen; endet der Stamm allerdings auf *-a*
oder *-ä*, werden diese zu *-e* :

minä asu-n > asu- > asu-taan	me asutaan	wir wohnen
minä ota-n > ota- > ote-taan	me otetaan	wir nehmen
minä ymmärrä-n > ymmärrä- > ymmärre-tään	me ymmärretään	wir verstehen

Bei den Verbtypen 2 - 6 wird die umgangssprachliche *wir*-Form (Passiv) gebildet, indem an die Grundform Vokalverlängerung + *-n* tritt:

syödä	> syödään	me syödään	wir essen
esitellä	> esitellään	me esitellään	wir stellen vor
tavata	> tavataan	me tavataan	wir treffen
valita	> valitaan	me valitaan	wir wählen
vanheta	> vanhetaan	me vanhetaan	wir werden älter

Mit der umgangssprachlichen *wir*-Form wird das Pronomen *me* verwendet, während es bei der regulären Form auch weggelassen werden kann.

Me asutaan Hampurissa.	Wir wohnen in Hamburg.
(Me) asumme Hampurissa.	

Die Verneinung der umgangssprachlichen *wir*-Form erfolgt bei allen 6 Verbtypen durch Streichung der Vokalverlängerung + *-n*. Hinzu kommt das Verneinungswort *ei*.

Me tavataan. > Me ei tavata.	Wir treffen uns nicht.

Die umgangssprachliche *wir*-Form dient auch als Befehlsform für die 1. Pers. Mehrz., dann allerdings ohne *me* z.B.:

Asutaan hotellissa!	Lasst uns im Hotel wohnen!
Puhutaan suomea!	Lasst uns Finnisch sprechen!

10.3. Die Verneinung bei den Verbtypen 1-6

Wie bei *olla* »sein« wird die verneinte Verbform bei allen Verbtypen von der 1. Pers. (*ich*-Form) durch Abtrennen/Weglassen der Endung *-n* gebildet. Dazu kommen die Verneinungswörter *en, et, ei, emme, ette, eivät*:

puhua, puhu/n > en puhu, et puhu, hän ei puhu usw.
syödä, syö/n > en syö, et syö, hän ei syö usw.
esitellä, esittele/n > en esittele, et esittele, hän ei esittele usw.
tavata, tapaa/n > en tapaa, et tapaa, hän ei tapaa usw.
valita, valitse/n > en valitse, et valitse, hän ei valitse usw.
vanheta, vanhene/n > en vanhene, et vanhene, hän ei vanhene usw.

10.4. Die Befehlsform in der Einzahl

Die verneinte Verbform, der Stamm der 1. Person, ist bei allen Verbtypen gleichzeitig die Befehlsform in der Einzahl. Das Verneinungswort heißt dann *älä*:

verneinende Verbform	Befehl	verneinender Befehl
en ota ich nehme nicht	Ota! Nimm!	Älä ota! Nimm nicht!
en syö ich esse nicht	Syö! Iss!	Älä syö! Iss nicht!
en tule ich komme nicht	Tule! Komm!	Älä tule! Komm nicht!
en huomaa ich merke nicht	Huomaa! Merke!	Älä huomaa! Merke nicht!
en häiritse ich störe nicht	Häiritse! Störe!	Älä häiritse! Störe nicht!

11. Die Deklination

Hauptwörter (Substantive), Eigenschaftswörter (Adjektive), Zahlwörter (Numeralien) sowie Fürwörter (Pronomina) haben gemeinsam, dass sie in verschiedenen Fällen (Kasus) stehen können. Es gibt im Finnischen 15 Fälle, von denen 12 in diesem Buch vorkommen.

12. Der Nominativ

12.1. Bildung des Nominativs in der Einzahl

Der Nominativ in der Einzahl ist die 1. Grundform, trägt also keine Endung: *auto, hyvä, kolme, minä*. Es ist die Form, die wir im Wörterbuch finden.

12.2. Bildung des Nominativs in der Mehrzahl

Die bestimmte Mehrzahlform (Nominativ und Nominativ-Akkusativ) von Substantiven (Gegenstandswörtern) und Adjektiven (Eigenschaftswörtern) wird gebildet, indem man die Endung *-t* an den Genitivstamm anhängt. Somit sind die Konsonanten- und Vokalveränderungen die gleichen wie im Genitiv. Diese Form entspricht der bestimmten deutschen Mehrzahlform.

Einzahl	Genitiv	Nom. Mehrz.	
talo	talo-n	talot	die Häuser
kirkko	kirko-n	kirkot	die Kirchen
matto	mato-n	matot	die Teppiche
pöytä	pöydä-n	pöydät	die Tische
valkoinen	valkoise-n	valkoiset	die weißen
suuri	suure-n	suuret	die großen
osoite	osoittee-n	osoitteet	die Adressen

12.3. Funktionen des Nominativs

Der Nominativ übernimmt im Satz verschiedene Funktionen:

a. Als Subjekt (Satzgegenstand – *wer* oder *was?*)

Tyttö on ulkona.	Das Mädchen ist draußen.
Opettaja on koulussa.	Der Lehrer ist in der Schule.

b. Als so genanntes Prädikativ (eine Bestimmung, die dem Satzgegenstand mit Hilfe des Verbes *olla* zugeordnet wird – *was* oder *wie ist jemand oder etwas?*):

Minä olen opettaja.	Ich bin Lehrerin.
Hän on kiva.	Sie ist nett.
Auto on hyvä.	Das Auto ist gut.

c. Als Nominativ-Akkusativ – *wen* oder *was?* vgl. Abschnitt 19.1.2.

Minulla on hyvä auto.	Ich habe ein gutes Auto.
Me ostetaan uusi auto.	Wir kaufen ein neues Auto.

13. Der Genitiv (Wesfall oder 2. Fall)

13.1. Die Bildung des Genitivs in der Einzahl:

Die Endung des Genitivs ist *-n*. Diese Endung wird an die erste Grundform (Nominativ) angehängt. Bei vielen Wörtern treten bei der Genitivbildung Veränderungen am Stamm auf. Die wichtigsten sind:

a. Konsonantenveränderungen (Stufenwechsel)
Am Stamm kann es wie bei den Verben zu Konsonantenveränderungen kommen. Betroffen sind die Konsonanten *k*, *p* und *t* allein oder in Kombination mit anderen Konsonanten. Diese Erscheinung wird Stufenwechsel genannt, den wir bereits von den Verben her kennen. Hier sind die wichtigsten Veränderungen, die bei Nomina vorkommen, zusammengefasst (Stufenwechsel Typ I):

starke St.	schwache St.	Grundform	Genitiv	
kk	k	kir**kk**o	kirko-n	Kirche
k	-	Tur**k**u	Turu-n	Turku
pp	p	kau**pp**a	kaupa-n	Geschäft
p	v	kyl**p**y	kylvy-n	Bad
tt	t	ma**tt**o	mato-n	Teppich
t	d	pöy**t**ä	pöydä-n	Tisch
nk	ng	Helsi**nk**i	Helsingi-n	Helsinki
nt	nn	Engla**nt**i	Englanni-n	England
lt	ll	Itäva**lt**a	Itävallan	Österreich

Der Konsonantenwechsel betrifft nur Konsonanten an der **letzten Silbengrenze** des Wortes, z.B. *o-pet-ta-ja – opettajan*. In diesem Beispiel bleibt der Doppelkonsonant erhalten, weil er nicht an der letzten Silbengrenze liegt.

Bei den meisten Wörtern mit Stufenwechsel steht die **Grundform** in der so genannten **starken Stufe** (z.B. Doppelkonsonant), der **Genitiv** in der so genannten **schwachen Stufe** (z.B. einfacher Konsonant). Das ist der **Stufenwechsel Typ I** – siehe Beispiele oben.

Bei einigen Wörtern ist jedoch die Grundform schwach und der Genitiv stark, z.B. *osoite – osoittee-n*. Das ist **Stufenwechsel Typ II**:

schwache St.	starke St.	Grundform	Genitiv	
t	**tt**	osoite	osoittee-n	Adresse
k	**kk**	rakas	rakkaa-n	lieb

Die Veränderung Doppelkonsonant zu einfachem Konsonant des Stufenwechsels Typ I kommt auch bei vielen **finnischen Vornamen** vor, z.B. *Matti – Matin, Pekka – Pekan*, während andere Änderungen des Stufenwechsels nicht üblich sind: *Ulpu – Ulpun, Sirpa – Sirpan, Kauko – Kaukon*. Bei **Familiennamen** sind auch andere Änderungen des Stufenwechsels möglich.

Gewöhnlich gibt es den Stufenwechsel nur bei rein finnischen Wörtern. Die Veränderung Doppelkonsonant – einfacher Konsonant tritt aber auch bei Lehnwörtern auf, z.B. *matto – maton* (Teppich) auf.

b. Der Buchstabe *-i* am Wortende **kann** zu einem *-e* werden, z.B. *pieni – pienen, suuri – suuren, Suomi – Suomen*. (Diese Wortgruppe ist relativ klein, meistens bleibt *-i* erhalten, z.B. bei allen Lehnwörtern, die auf *-i* enden: *bussi – bussin, teatteri – teatterin, banaani – banaanin* usw.).

c. Bei allen Wörtern, die in der Grundform auf *-nen* enden, wird **im Genitiv -nen durch -sen** ersetzt, z.B. *valkoi|nen – valkoisen* »weiß«, *suomalai|nen – suomalaisen* »Finne/Finnin, finnisch«.

d. Der **Stammvokal *-i-* bei Wörtern**, die **auf *-s*** enden, wird **verdoppelt**: *kallis – kalliin* »teuer«, *kaunis – kauniin* »schön«.

e. Meistens wird **auslautendes *-e* vor der Genitivendung *-n* verdoppelt**: *vene – veneen* »Boot«, *huone – huoneen* »Zimmer«. Ausnahmen: *nukke – nuken* »Puppe«, *nalle – nallen* »Teddybär«.

f. **-s** wird **-kse**, *terveyskeskus – terveyskeskuksen* »Gesundheitszentrum«, *kysymys – kysymyksen* »Frage«.

13.2. Funktionen des Genitivs

a. Besitzanzeige und Zugehörigkeit

Durch den Genitiv wird der Besitzer oder auch die Zugehörigkeit zum Ausdruck gebracht. Der Genitiv steht gewöhnlich vor seinem Hauptwort. Im Deutschen wird diese Konstruktion oft mit der Präposition *von* oder mit dem Verb *gehören* ausgedrückt.

Tämä on Liisan kirja.	Dies ist Liisas Buch.
Hotellin nimi on Puijonsarvi.	Der Name des Hotels ist Puijonsarvi.
Marjan kirja on uusi.	Marjas Buch ist neu.
Suomen pääkaupunki on Helsinki.	Die Hauptstadt von Finnland ist Helsinki.
	Finnlands Hauptstadt ist Helsinki.
Tässä on Helsingin kauppatori.	Hier ist der Marktplatz von Helsinki.

Manchmal steht das Wort im Genitiv am Satzende:

Tämä kirja on Liisan.	Dieses Buch ist Liisas. Dieses Buch gehört Liisa.

Die **Fragewörter** für den Genitiv sind *kenen* »wessen« (Gen. von *kuka*) und *minkä* »welchen, von welchem« (Gen. von *mikä*). In Fragen, bei denen eine Bestimmung im Genitiv steht, kann das Verb auch vor dem Subjekt stehen:

Kenen tämä kirja on?	Wessen Buch ist dies? Wem gehört dieses Buch?
Minkä maan pääkaupunki on Helsinki?	Von welchem Land ist Helsinki die Hauptstadt? Welchen Landes Hauptstadt ist Helsinki?

b. Der Genitiv bei Postpositionen

Die meisten Postpositionen stehen mit dem Genitiv:
z.B. *luona* – »bei«, *kanssa* – »mit«, *edessä* – »vor«, *takana* – »hinter«

Minä olen Maijan luona.	Ich bin bei Maija.
Olen Leenan kanssa teatterissa.	Ich bin mit Leena im Theater.
Olemme aseman edessä.	Wir sind vor dem Bahnhof.
Parkkipaikka on kaupan takana.	Der Parkplatz ist hinter dem Geschäft.

Weitere Postpositionen sind z.B. *päällä* »auf«, *välissä* »zwischen«, *vieressä* »neben«, *ääressä* »an«, *keskellä* »inmitten«.

c. Der Genitiv bei *täytyä* und *pitää*

Ferner steht der Genitiv bei dem Verb *täytyä* »müssen«. Dieses Verb kennt nur eine Gegenwartsform, *täytyy* (3. Person Einzahl), die für alle Personen gebraucht wird:

Minun täytyy lähteä.	Ich muss gehen.
Täytyykö Pekan jo lähteä?	Muss Pekka schon gehen?
Meidän täytyy puhua suomea.	Wir müssen Finnisch sprechen.

Genauso wird das Verb *pitää* in der Bedeutung »müssen/sollen« benutzt:

Minun pitää käydä kaupassa.	Ich muss/soll einkaufen gehen.
Meidän pitää lähteä.	Wir müssen/sollen gehen.

d. Der »Genitiv-Akkusativ«

Im Deutschen wird auf die Fragen »wen« oder »was« mit einer Form im Akkusativ (Wenfall) geantwortet. Im Finnischen gibt es den Akkusativ formal jedoch nur bei den Personalpronomina (siehe Abschnitt 15). Ansonsten wird u.a. der Genitiv benutzt, um auszudrücken, wen ich treffe, was ich kaufe, nehme usw. Um den Unterschied zum eigentlichen Genitiv deutlich zu machen, sprechen wir hier vom »Genitiv-Akkusativ«. Den Genitiv-Akkusativ gibt es nur in der Einzahl, er ist formgleich mit dem Genitiv (Endung -*n*).

Minä tapaan Pekan kirjaston edessä.	Ich treffe Pekka vor der Bibliothek.
Minä ostan kirjan.	Ich kaufe ein Buch.
Minä otan banaanin.	Ich nehme eine Banane.

Vgl. Abschnitt 19.1.1.

! Der Genitiv ist die zweite Grundform des Nomens und sollte wegen der vielen Veränderungen am Stamm immer mitgelernt werden. Der sogenannte **Genitivstamm** des Wortes ist der Stamm, der übrig bleibt, wenn die Endung -*n* abgetrennt wird. Dieser Stamm ist für die Bildung weiterer Formen sehr wichtig, z.B. die Grundform in der Mehrzahl, die Lokalfälle usw.

13.3. Die Possessivsuffixe

Will man den Besitzer durch ein Pronomen (*mein, dein, sein* usw.) angeben, benutzt man im Finnischen die entsprechenden Genitivformen (*minun, sinun, hänen* usw.). An das Hauptwort wird zusätzlich ein so genanntes Possessivsuffix (besitzanzeigende Nachsilbe) gehängt:

minun kirja**ni**	mein Buch	meidän kirja**mme**	unser Buch
sinun kirja**si**	dein Buch	teidän kirja**nne**	euer Buch
hänen kirja**nsa**	sein/ihr Buch	heidän kirja**nsa**	ihr Buch

So fragt man korrekt nach Namen und Adresse bzw. stellt jemanden vor:

Mikä sinun nimesi on?	Nimeni on Marja Hämäläinen.
Mikä sinun osoitteesi on?	Osoitteeni on Puistokatu 3 B 5, 80100 Lieksa.
Mikä sinun puhelinnumerosi on?	Puhelinnumeroni on 447329.

Saanko esitellä:
Tässä on suomalainen ystäväni.
Hänen nimensä on Katri Laitinen.
Hänen osoitteensa on Kauppakatu 7 A2, Tampere.
Hänen puhelinnumeronsa on 877364.

Das Possessivsuffix wird an den Genitivstamm des Wortes angehängt. Bei Wörtern mit Stufenwechsel Typ I muss man die starke Stufe einsetzen:

osoite – osoi**ttee**-n – osoi**ttee**-ni	Adresse – der Adresse – meine Adresse
nimi – nimen – nimeni	Name – des Namens – mein Name
pöy**t**ä – pöy**d**än – pöy**t**äni	der Tisch – des Tisches – mein Tisch

Vergleichen Sie auch: *ammatiltani:*

Olen ammatiltani opettaja.	Ich bin von (meinem) Beruf Lehrerin.

Die Verwendungsweise der Possessivsuffixe ist sehr vielseitig und kompliziert. Sie werden in der gesprochenen Sprache oft weggelassen und kommen in diesem Buch nur vereinzelt oder im Zusammenhang mit festen Redewendungen vor.

14. Der Partitiv

In seiner Grundbedeutung bezeichnet der Partitiv einen Teil eines Ganzen oder eine unbestimmte Menge.

14.1. Die Bildung des Partitivs

Es gibt drei verschiedene Endungen, die je nach Worttyp zur Anwendung kommen.

1. *-a / -ä* bei Wörtern, deren Grundform auf einfachen Vokal endet.

maito	Milch	maito**a**	(etwas) Milch
viini	Wein	viini**ä**	(etwas) Wein
banaani	eine Banane	banaani**a**	(etwas) Banane
kirja	das Buch	neljä kirja**a**	4 Bücher
pöytä	der Tisch	viisi pöytä**ä**	5 Tische
nimi	ein Name	kolme nime**ä**	3 Namen

Die Endung tritt direkt an die Grundform, **außer** bei einigen **Wörtern, die** in der Grundform **auf -i enden** und im Genitiv (Wesfall) statt *-i-* ein *-e-* am Stamm haben, z.B. *nimi – nime-n – nime-ä*. In diesen Fällen bleibt das *-e-* im Partitiv erhalten. Es handelt sich hier um eine kleine Gruppe von Wörtern, deren Partitivformen gleich mitgelernt werden sollten (vgl. 2.b.).

2. Die Endung *-ta / -tä*
a. Sie tritt bei allen Wörtern, deren Grundform auf **zwei Vokale** oder auf **einen Konsonanten** endet, direkt an die Grundform.

tee	Tee	tee**tä**	(etwas) Tee
olut	Bier	olut**ta**	(etwas) Bier
radio	Radio	neljä radio**ta**	4 Radios
suomalainen	Finne	kaksi suomalais**ta**	2 Finnen

Bei den Wörtern jedoch, die in der Grundform auf *-nen* enden, erscheint vor der Partitivendung *-ta / -tä* immer ein *-s-*: *suomalainen – suomalai-sen – suomalaista*, d.h., von der Genitivform wird *-en* abgetrennt. Diese Endung wird jedoch nicht bei fremdsprachigen Namen verwendet, bei denen im Genitiv *-i-* als Bindevokal steht, z. B. *Martin, Martini-n, Martini-a* oder *München, Müncheni-n, Müncheni-ä*. Hier wird der Genitivstamm zugrundegelegt, und daran die Endung *-a / -ä* angehängt (vgl. 1); dagegen z. B. *Ines, Ineksen, Ines-tä*. Merken Sie sich auch die Wörter auf *-ia / -iä*, z.B. *italia, italia-a*, die zu 1 gehören.

b. Bei einigen Wörtern, deren Grundform auf *-i* endet, entfällt das *-i* vor der Endung *-ta / -tä*:

pieni maa	kleines Land	kaksi pien**tä** maa**ta**	2 kleine Länder
suuri saari	eine große Insel	kolme suur**ta** saar**ta**	3 große Inseln

Dies ist eine kleine Gruppe von Wörtern, die in der Grundform auf *-i* enden und im Genitiv (Wesfall) anstelle von *-i-* ein *-e-* am Stamm haben, z.B. *pieni – piene-n – pien-tä*. Diese Wörter müssen jeweils mit ihren Formen gelernt werden (vgl. 1: *nimi – nimen – nimeä*).

3. *-tta / -ttä* bei vielen Wörtern, deren Grundform auf einfaches *-e* endet:

huone	das Zimmer	kolme huone**tta**	3 Zimmer
perhe	die Familie	viisi perhe**ttä**	5 Familien
osoite	die Adresse	kaksi osoite**tta**	2 Adressen

Es gibt jedoch einige neuere Wörter, die nicht zu dieser Gruppe gehören, sondern zu Gruppe 1: z.B. *nukke, nukkea* »Puppe«, *nalle, nallea* »Teddybär«, ebenso Namen, z.B. *Ulrike, Ulrikea* oder *Anne, Annea*.

! Der Partitiv sollte immer zusammen mit der Grundform und dem Genitiv gelernt werden.

14.2. Die Anwendung des Partitivs

Der Partitiv kommt in folgenden Fällen zum Einsatz:

a. In Begrüßungen und Glückwünschen:

hyvää päivää	guten Tag
hyvää huomenta	guten Morgen
iloista joulua	fröhliche Weihnachten
iloista vappua	fröhlichen 1. Mai
iloista pääsiäistä	fröhliche Ostern
hyvää matkaa	gute Reise

b. Als Teilsubjekt (Teilmenge bei »Stoffnamen«):

Kupissa on kahvia.	In der Tasse ist Kaffee.
Pullossa on viiniä.	In der Flasche ist Wein.

c. Als Teilobjekt (Teilmenge bei »Stoffnamen«, abstrakte Begriffe):

Juon kahvia.	Ich trinke Kaffee.
Syön leipää.	Ich esse Brot.
Minulla on rahaa.	Ich habe Geld.

d. bei Eigenschaftsbezeichnungen, die mit dem Verb »olla« Stoffnamen oder abstrakten Begriffen zugeordnet werden:

Kahvi on kuumaa.	Der Kaffee ist heiß.
Viini on punaista.	Der Wein ist rot.
Aika on kallista.	Zeit ist kostbar.

e. Nach Zahlwörtern und nach *monta* und *pari* als Entsprechung für die deutsche Mehrzahlform sowie nach *puoli*:

kaksi kirjaa	zwei Bücher
sata autoa	hundert Autos
kolmesataakuusikymmentäviisi päivää	365 Tage
monta kirjaa	viele Bücher
pari tuntia	ein paar Stunden
puoli sivua	eine halbe Seite

f. Statt des Genitiv-Akkusativs, des Nominativ-Akkusativs oder des Akkusativs in einem verneinenden Satz:

Ostan auton.	Ich kaufe ein Auto.
En osta autoa.	Ich kaufe kein Auto.
Me ostetaan talo.	Wir kaufen ein Haus.
Me ei osteta taloa.	Wir kaufen kein Haus.
Otan teidät mukaan.	Ich nehme euch mit.
En ota teitä mukaan.	Ich nehme euch nicht mit.

g. Bei einigen Verben als Objekt:

Odotan sinua.	Ich warte auf dich.
Liisa rakastaa Pekkaa.	Liisa liebt Pekka.
Voinko auttaa sinua?	Kann ich dir helfen?

h. Um auszudrücken, dass eine Handlung gerade jetzt durchgeführt wird:

Kirjoitan kirjettä.	Ich bin dabei, einen Brief zu schreiben.
Olen lukemassa tätä kirjaa.	Ich bin dabei, dieses Buch zu lesen.
im Vergleich zu:	
Kirjoitan hänelle kirjeen.	Ich schreibe ihm einen Brief.
Luen tämän kirjan ensi viikolla.	Ich lese dieses Buch nächste Woche.

i. Mit einigen Präpositionen und Postpositionen:

ennen joulua	vor Weihnachten
ilman takkia	ohne Mantel
taloa vastapäätä	dem Haus gegenüber

15. Der Akkusativ (Wenfall)

Einen Akkusativ als eigene Form kennen nur die Personalpronomina (*minä, sinä, hän, me, te, he*) sowie das Fragewort *kuka* »wer«. Die Akkusativformen werden gebildet, indem die Endung *-t* an den Genitivstamm (*minu-n, sinu-n* usw. bzw. *kene-n*) tritt.

Tunnetko minu**t**.	Kennst du mich?
Tunnen sinu**t**.	Ich kenne dich.
Tunnen myös häne**t**.	Ich kenne auch ihn/sie.
Kuka tuntee meidä**t**?	Wer kennt uns?
Leena tuntee teidä**t**.	Leena kennt euch.
Tunnen Teidä**t**.	Ich kenne Sie.
Tunnemme myös heidä**t**.	Wir kennen auch sie.
Kene**t**?	Wen?

16. Die Lokalfälle (*Wo, woher, wohin?*)

Im Finnischen gibt es sechs so genannte Lokalfälle. Die Lokalfälle bringen zum Ausdruck, **wo** (*missä*) etwas ist oder geschieht bzw. welche Richtung (*mistä* »**woher**« oder *minne* »**wohin**«) die Bewegung nimmt.

Grundform	Genitiv	wo	woher	wohin
laukku	lauku-n	lauku-ssa	lauku-sta	laukku-un
die Tasche	der Tasche	in der Tasche	aus der Tasche	in die Tasche
pöytä	pöydä-n	pöydä-llä	pöydä-ltä	pöydä-lle
der Tisch	des Tisches	auf dem Tisch	vom Tisch	auf den Tisch

Es gibt drei innere (16.1.) und drei äußere Lokalfälle (16.2.)

Die **inneren Lokalfälle** werden verwendet, wenn sich ein Ding innerhalb eines anderen Gegenstandes bzw. eines Raumes befindet oder etwas innerhalb eines Gegenstandes bzw. eines Raumes passiert, z.B.

Kirja on lauku**ssa**.	Das Buch ist in der Tasche.	missä wo
Otan kirjan lauku**sta**.	Ich nehme das Buch aus der Tasche.	mistä woher
Panen kirjan laukku**un**.	Ich lege das Buch in die Tasche.	minne wohin

Die **äußeren Lokalfälle** werden angewendet, wenn sich etwas außerhalb eines Gegenstandes bzw. eines Raumes, z.B. auf seiner Oberfläche, befindet oder etwas außerhalb eines Gegenstandes bzw. eines Raumes passiert:

Kirja on pöydä**llä**.	Das Buch ist auf dem Tisch.	missä wo
Otan kirjan pöydä**ltä**.	Ich nehme das Buch vom Tisch.	mistä woher
Panen kirjan pöydä**lle**.	Ich lege das Buch auf den Tisch.	minne wohin

Sowohl die inneren als auch die äußeren Lokalfälle antworten auf die Fragen wo, woher oder wohin:

	innere Lokalfälle	äußere Lokalfälle
Missä wo	Minä olen talossa.	Minä olen torilla.
	Inessiv: Ich bin im Haus.	Adessiv: Ich bin auf dem Markt.
Mistä woher	Minä tulen talosta.	Minä tulen torilta.
	Elativ: Ich komme aus dem Haus.	Ablativ: Ich komme vom Markt.
Minne wohin	Minä menen taloon.	Minä menen torille.
	Illativ: Ich gehe ins Haus.	Allativ: Ich gehe auf den Markt.

16.1. Die inneren Lokalfälle

16.1.1. Der Inessiv – der innere *Wo*-Fall

Die Endung des Inessivs ist *-ssa/-ssä*. Sie wird an den Genitivstamm (*Suomi, Suome-n, Suome-ssa*) angehängt. Ein Wort, das im Inessiv steht, antwortet auf die Frage *wo, worin* und bezeichnet, worin sich etwas befindet. Bei der lokalen Anwendung entspricht der Inessiv meistens der deutschen Präposition *in* + Dativ: *kirko**ssa*** »**in der** Kirche«, *kaupa**ssa*** »**im** Geschäft«.

16.1.2. Der Elativ – der innere *Woher*-Fall

Die Endung des Elativs lautet *-sta/-stä*. Sie wird ebenfalls an den Genitivstamm (*kauppa, kaupa-n, kaupasta*) gehängt. Das Wort, das im Elativ steht, antwortet auf die Frage *woher* und bedeutet »aus dem Inneren eines Gegenstandes bzw. Raumes heraus«. Der Elativ entspricht meistens der deutschen Präposition *aus* + Dativ: *kirko**sta*** »**aus der** Kirche«, *kaupa**sta*** »**aus dem** Geschäft«.

Der Elativ ist bei bestimmten Verben erforderlich, z.B.:

pitää jostakin, pidän 1 Pidän kahvista.	»etw. oder jdn. mögen, gern haben« Ich mag Kaffee.
tykätä jostakin, tykkään 4 Tykkään sinusta.	»etw. oder jdn. mögen, gern haben« Ich mag dich.
olla kiinnostunut jostakin, olen 3 Olen kiinnostunut politiikasta.	»an etw. interessiert sein«: Ich bin an Politik interessiert.
puhua jostakin, puhun 1 Puhun Suomesta.	»von/über etw. sprechen« Ich spreche über Finnland.

Beachten Sie die folgende Konstruktion:

minusta Minusta Hampuri on kiva kaupunki.	»meiner Meinung nach/ich bin der Meinung« Meiner Meinung nach ist Hamburg eine nette Stadt.

16.1.3. Der Illativ – der innere *Wohin*-Fall

Die Endung des Illativs ist entweder

1. eine **Vokalverlängerung** (eine Verdoppelung des letzten Stammvokals) **+ -n**: *talo, talo-n, talo-on* »ins Haus«, *metsä, metsä-n, metsä-än* »in den Wald«;

2. *-seen*, wenn der Stamm mit einem langen Vokal endet: *huone*, Gen. *huonee-n > huonee-seen* »ins Zimmer«, *Lontoo*, Gen. *Lontoo-n > Lontoo-seen* »nach London«; oder

3. *-h- + Vokal + -n*; zwischen *-h-* und *-n* erscheint der gleiche Vokal wie vor dem *-h-*. Auf diese Weise wird der Illativ gebildet bei einsilbigen Wörtern, z.B. *työ-hön* »in die Arbeit«, *maa-han* »ins Land« und bei Wörtern mit einsilbigem Stamm, z.B. *mi-kä > mi-hin* »in welches«, *tä-mä > tä-hän* »in dieses«. Diese Endung wird auch bei den Bezeichnungen für Wochentage, z.B. *tiistai-hin* »bis Dienstag« (Ausnahme: *keskiviikko* »Mittwoch«, *keskiviikko-on* »bis Mittwoch«) benutzt. Beachten Sie auch die einsilbigen Pronomina und deren Illativformen: *se – siihen, ne– niihin, me – meihin, te – teihin* und *he – heihin*.

Die Illativendungen werden an den **Genitivstamm** angehängt (s. jedoch Punkt 3 – Wörter mit einsilbigem Stamm). Bei Wörtern, bei denen der Stufenwechsel Typ I vorkommt (vgl. Abschnitt 13.1.a.), wird beim Illativ immer die starke Stufe gebildet, d.h. die Konsonanten, die auch in der Grundform stehen:

kirkko – kirko-n – kirkko-on
Lahti – Lahde-n – Lahte-en

Weiß man bei einem Wort, dass außer einer eventuellen Konsonanten-veränderung vom Typ I keine weiteren Änderungen am Stamm vor-kommen, kann man die Illativform direkt aus der Grundform bilden: *Helsinki – (Helsingin) – Helsinki-in; Turku – (Turun) – Turku-un.*

Das Wort, das im Illativ steht, antwortet auf die Frage *wohin* und bedeutet »in das Innere eines Gegenstandes bzw. Raumes hinein«. Der Illativ entspricht der deutschen Präposition *in* + Akkusativ: *kirkkoon* »in die Kirche«. Bei Ortsnamen entspricht der Illativ häufig der Präpo-sition *nach*: *Turkuun* »nach Turku«, *Lahteen* »nach Lahti«. Bei Zeitaus-drücken hat er die Bedeutung bis: sunnuntaihin »bis Sonntag«.

16.2. Die äußeren Lokalfälle

16.2.1. Der Adessiv – der äußere *Wo*-Fall

Die Endung des Adessivs ist *-lla/-llä*. Sie wird an den Genitivstamm (*pöytä, pöydä-n, pöydä-llä*) gehängt. Das Wort, das im Adessiv steht, antwortet auf die Frage *wo, worauf*. Der Adessiv entspricht dann den deutschen Präpositionen *auf* oder *an* + Dativ: *pöydällä* »auf dem Tisch«, *pysäkillä* »an der Haltestelle«.

Der Adessiv wird u.a. auch bei Verkehrsmitteln gebraucht und nennt bei der *haben*-Konstruktion den Besitzer:

autolla	mit dem Auto
bussilla	mit dem Bus
Minulla on kynä.	Ich habe einen Stift.

16.2.2. Der Ablativ - der äußere *Woher*-Fall

Die Endung des Ablativs lautet *-lta/-ltä*. Sie wird an den Genitivstamm (*pöytä, pöydä-n, pöydä-ltä*) gehängt. Das Wort, das im Ablativ steht, antwortet auf die Frage *woher, von wo*. Der Ablativ entspricht der deutschen Präposition *von* + Dat.: *pöydältä* »vom Tisch«, *torilta* »vom Markt«.

16.2.3. Der Allativ – der äußere *Wohin*-Fall

Die Endung des Allativs ist **-lle**. Sie wird an den Genitivstamm angehängt. Das Wort, das im Allativ steht, beantwortet die Frage *wohin, worauf*. Der Allativ entspricht den deutschen Präpositionen *auf* oder *an* + Akkusativ: *pöydälle* »auf den Tisch«, *pysäkille* »an die Haltestelle« Bei Ortsnamen entspricht der Allativ häufig der Präposition *nach*: Tampereelle »nach Tampere«, Rovaniemelle »nach Rovaniemi«.

Der Allativ ist erforderlich bei bestimmten Verben, z.B:

kirjoittaa jollekulle, kirjoitan 1	jemandem schreiben
Kirjoitan Leenalle.	Ich schreibe Leena.
antaa jollekulle, annan 1	jemandem etwas geben
Annan kirjan Pekalle.	Ich gebe Pekka das Buch.
soittaa jollekulle, soitan 1	jemanden anrufen
Soitan sinulle	Ich rufe dich an.

16.3. Innerer oder äußerer Lokalfall?

Da sowohl die inneren als auch die äußeren Lokalfälle auf Fragen mit *wo, woher* und *wohin* antworten, muss man bei den Verben, die die Lokalfälle erfordern, entsprechend dem jeweiligen Ortsnamen oder Wort die inneren oder äußeren Lokalfälle einsetzen, z.B.:

käydä jossakin, käyn 2	irgendwo einen Besuch machen, etwas besuchen, irgendwohin gehen
Käyn Helsingissä.	Ich besuche Helsinki.
Käyn Tampereella.	Ich besuche Tampere.
Käyn kaupassa.	Ich gehe ins Geschäft.
Käyn torilla.	Ich gehe auf den Markt.
lähteä jostakin, lähden 1	(von) irgendwo losgehen/abfahren
Laiva lähtee Helsingistä.	Das Schiff fährt in (von) Helsinki ab.
Juna lähtee Rovaniemeltä.	Der Zug fährt in (von) Rovaniemi ab.
saapua jonnekin, saavun 1	irgendwo ankommen
Laiva saapuu satamaan.	Das Schiff kommt im Hafen an.
Juna saapuu asemalle.	Der Zug kommt am Bahnhof an.
soittaa jonnekin, soitan 1	irgendwo anrufen
Soitan Suomeen.	Ich rufe in Finnland an.
Soitan Tampereelle.	Ich rufe in Tampere an.

Auch das Wort *tervetuloa* »willkommen« wird mit einem *Wohin*-Fall gebraucht!

Tervetuloa Hampuriin!	Willkommen in Hamburg!
Tervetuloa suomen kurssille!	Willkommen im Finnischkurs!

Zumeist weist die Bedeutung eines Wortes darauf hin, ob es in einem inneren (*talo, kassi*) oder äußeren Lokalfall (*tori, pöytä*) stehen muss. Manche Wörter können sowohl mit inneren als auch mit äußeren Lokalfällen gebildet werden, was zu unterschiedlichen Bedeutungen führt:

maa	maassa	im Land, in der Erde	
	maalla	auf dem Land	
tuoli	tuolissa	im (Lehn)stuhl	
	tuolilla	auf dem Stuhl	
koulu	koulussa	in der Schule (um den Unterricht zu besuchen)	
	koululla	in der Schule (um z.B. mit dem Lehrer zu sprechen)	
kirkko	kirkossa	in der Kirche (im Gottesdienst)	
	kirkolla	in der Kirche (in den Räumen der Kirche, um z.B. zu basteln)	
pöytä	pöydässä	Ruoka on pöydässä.	Das Essen steht auf dem Tisch.
	pöydällä	Kirja on pöydällä.	Das Buch liegt auf dem Tisch.
oikea	oikeassa	Hän on oikeassa	Er hat Recht.
	oikealla	Hän on tuolla oikealla.	Er ist dort rechts.

Ortsbezeichnungen (Städte, Dörfer) stehen entweder in den inneren oder den äußeren Lokalfällen. Am gebräuchlichsten sind die inneren Lokalfälle:

Asun Helsingissä, Turussa, Kuopiossa, Lahdessa, Lieksassa, Joensuussa.

Länder bekommen fast immer die inneren Lokalfälle:

Asun Saksassa, Suomessa, Ruotsissa, Englannissa, Amerikassa.

Manche Ortsnamen stehen jedoch in den äußeren Lokalfällen:

Venäjä	Venäjällä	Russland	in Russland
Tampere	Tampereella	Tampere	in Tampere
Pieksänmäki*	Pieksänmäellä	Pieksänmäki	in Pieksänmäki
Rovaniemi*	Rovaniemellä	Rovaniemi	in Rovaniemi
Lapinlahti*	Lapinlahdella	Lapinlahti	in Lapinlahti
Varpaisjärvi*	Varpaisjärvellä	Varpaisjärvi	in Varpaisjärvi

*Die Ortsnamen, die auf *-mäki* (»Hügel«), *-niemi* (»Halbinsel«), *-lahti* (»Bucht«), *-järvi* (»See«) enden, werden meist mit den äußeren Lokalfällen gebraucht.

16.4. Die Lokalfälle bei den Postpositionen

Bei allen Postpositionen, die eine örtliche Bedeutung haben, gibt es drei Formen, die auf die Fragen wo, woher und wohin antworten. Je nach der Postposition kommen die inneren oder die äußeren Lokalfälle zur Anwendung. Einige der Formen sind unregelmäßig.

edessä, edestä, eteen	vor
takana, takaa, taakse	hinter
päällä, päältä, päälle	auf, oben, drauf
luona, luota, luo(kse)	bei

> Bussi on hotellin edessä.
> Bussi lähtee hotellin edestä.
> Bussi tulee hotellin eteen.

17. Der Essiv

Die Endung des Essivs ist -*na* / -*nä*, sie wird an den Genitivstamm angehängt. Bei Wörtern mit Stufenwechsel steht die starke Stufe.

Der Essiv steht oft bei Zeitausdrücken und hat dann die Bedeutung »*an* / *zu* + Dativ«.

z.B. bei den Wochen- und Feiertagen, *maanantai* »Montag«, Gen. *maanantai-n:*

maanantaina	»am Montag«;
jouluna	»zu Weihnachten«
pääsiäisenä	»zu Ostern«
vappuna	»am Walpurgis-Tag« (1. Mai)
juhannuksena	»zu Johannis« (Mittsommer)
itsenäisyyspäivänä	»am Unabhängigkeitstag« (6.12.)

Der Essiv des Fragewords *mikä* lautet *minä*:

Minä päivänä sinä olet täällä?	An welchem Tag bist du hier?
Olen täällä tiistaina.	Ich bin am Dienstag hier.

18. Der Translativ

Der Translativ hat die Endung -*ksi*, die an den Genitivstamm angehängt wird. Der Translativ findet vor allem bei Sprachen Anwendung:

suomeksi	»auf Finnisch«
saksaksi	»auf Deutsch«
englanniksi	»auf Englisch«

Darüber hinaus kommt der Translativ z.B. bei einigen festen Wendungen vor:

esimerkiksi	zum Beispiel
onneksi	zum Glück

19. Objekt

Das Objekt ist ein Satzglied, das die Aussage des Verbes ergänzt. Im Finnischen antwortet das Objekt auf die Frage *wen oder was?* Das entspricht von der Bedeutung her dem deutschen Akkusativobjekt. Da es im Finnischen den Akkusativ formal jedoch nur bei Personalpronomina gibt, treten für Nomina in Objektposition andere Fälle ein: Genitiv, Nominativ und Partitiv. Damit sich der deutsche Lernende leichter vorstellen kann, um welche Form es sich jeweils handelt, wird hier der Genitiv im Zusammenhang mit dem Objekt als »Genitiv-Akkusativ« und der Nominativ als »Nominativ-Akkusativ« bezeichnet. Der Akkusativ entspricht dem deutschen Akkusativ. Der Partitiv, den es ja im Deutschen nicht gibt, kann außer dem dt. Akkusativ auch dem deutschen Dativobjekt, dem Genitivobjekt oder dem Präpositionalobjekt entsprechen.

19.1. Einzahl

19.1.1. Der Genitiv-Akkusativ
Den Genitiv-Akkusativ gibt es nur in der Einzahl. Er ist formal identisch mit dem Genitiv (Endung *-n*).

Minä ostan kirjan.	Ich kaufe ein Buch.
Minä ostan leivän.	Ich kaufe ein Brot.
Minä otan yhden kartan.	Ich nehme eine Karte.
Minä tapaan Pekan.	Ich treffe Pekka.
Syön leivän.	Ich esse das Brot.

In diesen Sätzen ist das Objekt (*kirjan, leivän, yhden kartan* usw.) ein so genanntes Vollobjekt, d.h., es wird ein (ganzes) Buch, ein (ganzes) Brot gekauft usw.

Aus der Form ist bereits zu erkennen, dass es sich um **einen** Gegenstand oder **eine** Person handelt. Wenn man dies noch betonen möchte, kann man das Zahlwort *yksi* davorsetzen, und zwar in der Form des Genitiv-Akkusativs *yhden*.

19.1.2. Der Nominativ-Akkusativ

Der Nominativ-Akkusativ ist formal identisch mit dem Nominativ, der 1. Grundform des Wortes. Er wird verwendet:

1. bei der *haben*-Konstruktion in bejahenden Sätzen, wenn es sich um einen (ganzen) Gegenstand handelt:

Minulla on uusi kynä.	Ich habe einen neuen Stift.
Onko sinulla sveitsiläinen kello?	Hast du eine Schweizer Uhr?

Bei einigen festen Ausdrücken wird der Nominativ-Akkusativ sowohl in bejahenden wie auch in verneinenden Sätzen gebraucht.

Onko sinulla nälkä?	Hast du Hunger?
Minulla ei ole nälkä.	Ich habe keinen Hunger.

2. in bejahenden Befehlssätzen:

Osta kynä!	Kaufe einen Stift!
Ostetaan kynä!	Lass uns einen Stift kaufen!
Ota yksi banaani!	Nimm eine Banane!

3. mit der umgangssprachlichen *wir*- Form in bejahenden Sätzen:

Me ostetaan uusi kynä.	Wir kaufen einen neuen Stift!

4. in Sätzen mit *täytyä* »müssen« und *pitää* »müssen/sollen«:

Minun täytyy ostaa kynä.	Ich muss einen Stift kaufen.
Minun pitää ostaa kynä.	Ich muss/soll einen Stift kaufen.

In den Fällen 2 - 4 steht der Nominativ-Akkusativ nur bei Verben, die in einem Aussagesatz mit dem Genitiv-Akkusativ gebraucht werden, z.B. *ostaa, ottaa*.
Erfordert das finnische Verb dagegen z.B. den Partitiv, wird dieser bei allen Satztypen verwendet. Siehe dazu Beispiele mit *odottaa* »warten«, Abschnitt 19.1.4., Punkt 3.

19.1.3. Der Akkusativ

Wie in Abschnitt 15 dargestellt, gibt es eine spezielle Akkusativform nur bei den Personalpronomina.

Tunnetko minut?	Kennst du mich?
Leena tuntee teidät.	Leena kennt euch.
Onneksi minulla on sinut!	Zum Glück habe ich dich!

Der Akkusativ steht auch in bejahenden Befehlssätzen sowie bei der umgangssprachlichen *wir*-Form und den Verben *täytyä* »müssen« und pitää »müssen/sollen« in bejahenden Sätzen:

Ota hänet mukaan!	Nimm sie mit!
Me otetaan hänet mukaan.	Wir nehmen sie mit.
Minun täytyy/pitää ottaa hänet mukaan.	Ich muss/soll ihn mitnehmen.

19.1.4. Der Partitiv

In folgenden Fällen steht das Objekt im Partitiv:

1. beim so genannten Teilobjekt (Teilmenge)

Juon kahvia.	Ich trinke Kaffee.
Syön juustoa.	Ich esse Käse.
Ostan leipää.	Ich kaufe Brot.
Minulla on suomalaista olutta.	Ich habe finnisches Bier.
Minulla on aikaa.	Ich habe Zeit.

Es handelt sich hier um sog. Stoffnamen und/oder abstrakte Begriffe.

2. wenn eine Handlung noch im Gange ist, z.B.:

Kirjoitan kirjettä.	Ich bin dabei, einen Brief zu schreiben.
Olen lukemassa tätä kirjaa.	Ich bin dabei, dieses Buch zu lesen.

3. bei bestimmten Verben, unabhängig vom Satztyp, z.B.:

Rakastan sinua.	Ich liebe dich.
Odotan häntä.	Ich warte auf ihn/sie.
Me odotetaan häntä.	Wir warten auf sie/ihn.
Odota häntä!	Warte auf sie/ihn!
Minun täytyy odottaa häntä.	Ich muss auf ihn/sie warten.
Kiitän sinua kaikesta.	Ich danke dir für alles.
Hän muistuttaa sinua.	Er ähnelt dir.
Hän muistelee vainajaa.	Er gedenkt des Toten.
Ajattelen sinua.	Ich denke an dich.
Kysyn tietä.	Ich frage nach dem Weg.

Das Partitivobjekt entspricht also nicht nur dem dt. Akkusativobjekt, sondern auch dem Dativ-, Genitiv- oder Präpositionalobjekt.

4. im verneinenden Satz anstelle des Genitiv-Akkusativs, des Nominativ-Akkusativs oder des Akkusativs, z.B.:

Ostan auton. Ich kaufe ein Auto.	En osta autoa. Ich kaufe kein Auto
Me ostetaan auto. Wir kaufen ein Auto.	Me ei osteta autoa. Wir kaufen kein Auto.
Minulla on kynä. Ich habe einen Stift.	Minulla ei ole kynää. Ich habe keinen Stift.
Otan sinut mukaan. Ich nehme dich mit.	En ota sinua mukaan. Ich nehme dich nicht mit.

19.2. Das Objekt in der Mehrzahl

In der Mehrzahl kann das Objekt im Nominativ-Akkusativ, im Akkusativ oder im Partitiv stehen.

19.2.1. Der Nominativ-Akkusativ

Der Nominativ-Akkusativ ist identisch mit der Grundform in der Mehrzahl , d.h., die Endung ist -t. Im Deutschen entspricht das der bestimmten Mehrzahlform.

Ostan kynät.	Ich kaufe die Stifte.
Kirjoitan kirjeet.	Ich schreibe die Briefe.
Meillä on kirjat mukana.	Wir haben die Bücher dabei.

19.2.2. Der Akkusativ

Die Personalpronomina haben eine eigene Form im Akkusativ (*meidät*, *teidät* / *Teidät* und *heidät*).

Tunnetko meidät?	Kennst du uns?
Tunnen teidät.	Ich kenne euch.
Tunnen heidät hyvin.	Ich kenne sie gut.

19.2.3. Der Partitiv

Der Gebrauch des Partitivs in der Mehrzahl ist ähnlich dem des Partitivs in der Einzahl. Er entspricht im Deutschen der unbestimmten Mehrzahlform.

Ostan banaaneja.	Ich kaufe Bananen.
Voitko ostaa kukkia?	Kannst du Blumen kaufen?

19.3. Die Fragewörter beim Objekt

Entsprechend den vielen Formen, die beim Objekt vorkommen können, gibt es mehrere Formen bei den Fragewörtern:

mitä »was«

Mitä ostat?	Was kaufst du?

minkä »welches«

Tuossa on kolme kirjaa.	Dort sind drei Bücher.
Minkä sinä ostat?	Welches (davon) kaufst du?

mitkä »welche«

Mitkä kirjat minä saan ottaa?	Welche Bücher darf ich nehmen?

kenet »wen«

Kenet tunnet?	Wen kennst du?

ketä »wen«

Ketä odotat?	Auf wen wartest du?

19.4. Die Zahlwörter als Objekt

19.4.1. *yksi, yhden, yhtä*:

Das Zahlwort für »eins« wird nur verwendet, wenn man betonen möchte, dass es sich um einen einzelnen Gegenstand handelt. Es kann dabei im Genitiv-Akkusativ, im Nominativ-Akkusativ oder im Partitiv stehen:

Ostan yhden kirjan.	Ich kaufe ein Buch.
Osta yksi kirja!	Kaufe ein Buch!
Kirjoitan yhtä kirjettä.	Ich bin dabei, einen Brief zu schreiben.

19.4.2. Die Zahlwörter für zwei und mehr

Bei den übrigen Zahlwörtern gibt es keinen Genitiv-Akkusativ. Es wird also entweder der Nominativ-Akkusativ oder der Partitiv verwendet.

Ostan kaksi kirjaa.	Ich kaufe zwei Bücher.
Saat ottaa kolme banaania.	Du darfst drei Bananen nehmen.
Olen lukemassa kahta kirjaa.	Ich bin dabei, zwei Bücher zu lesen.
Odotan kolmea ystävää.	Ich warte auf drei Freunde.

19.5. Objekt oder adverbiale Bestimmung?

Es gibt deutsche Verben, die die Fragen »wen« oder »was« beantworten und entsprechend mit dem Akkusativ stehen, deren finnische Entsprechung jedoch kein Objekt, sondern eine adverbiale Bestimmung erhält.

Es ist wichtig, vom finnischen Verb aus zu überlegen, welche Form das Verb »verlangt«, weil das finnische Objekt nur einen Teil des dt. Akkusativobjekts abdeckt und allein in der Einzahl vier unterschiedliche Formen haben kann. Dazu kommt, dass der Partitiv auch dem dt. Dativobjekt, Genitivobjekt oder Präpositionalobjekt entsprechen kann. Oft entspricht dem dt. Akkusativobjekt auch eine adverbiale Bestimmung. Um dies zu verdeutlichen, hier noch ein Beispiel vom Deutschen ausgehend mit dem Akkusativ des Personalpronomens »dich«:

Ich kenne **dich**.	Minä tunnen **sinut**.	(Akk./Obj.)
Ich liebe **dich**.	Minä rakastan **sinua**.	(Part./Obj.)
Ich mag **dich**.	Minä tykkään **sinusta**.	(Elativ/adv. Best.)
Ich rufe **dich** an.	Minä soitan **sinulle**.	(Allativ/adv. Best.)
Ich möchte **dich** kennen lernen.	Haluan tutustua **sinuun**.	(Illativ/adv. Best.)
Ich besuche **dich**.	Käyn **sinun** luona.	(Gen./adv. Best.)
Darf ich **dich** etwas fragen?	Saanko kysyä **sinulta** jotakin?	(Abl./adv. Best.)

! Lernen Sie ein Verb immer mit dem dazugehörigen Kasus!

19.6. Kongruenz

Ein oder mehrere Bestimmungswörter vor einem Hauptwort stehen gewöhnlich im gleichen Kasus (Fall) und im gleichen Numerus (Einzahl/Mehrzahl) wie das Hauptwort:

Tämä pieni kaunis talo on meidän.	Dieses kleine schöne Haus gehört uns.
Me asumme tässä pienessä kauniissa talossa.	Wir wohnen in diesem kleinen schönen Haus.
Me tykkäämme tästä pienestä kauniista talosta.	Wir mögen dieses kleine schöne Haus.
Nämä pienet kauniit talot ovat Suomessa.	Diese kleinen schönen Häuser stehen in Finnland.

Es gibt nur wenige unveränderliche Bestimmungswörter, z.B. ensi »nächste« und viime »letzte«: ensi viikolla, viime sunnuntaina.

20. Die Umschreibung für das Verb *haben*

20.1. Bildung der haben-Konstruktion

Da das deutsche *haben* keine direkte finnische Entsprechung hat, wird es folgendermaßen umschrieben:

1. Die Person, die etwas **hat** oder **nicht hat**, hat die Endung *-lla / -llä* (d.h., sie steht im Adessiv):
2. Die Verbform ist bei allen Personen die 3. Pers. von *olla* »sein«, also *on* (bejahend) oder *ei ole* (verneinend),

minulla on	ich habe
minulla ei ole	ich habe nicht

3. Was man **hat** (s. hierzu Übersicht S. 176), steht entweder
a. in der **Grundform** (Nominativ),
 – bei ganzen, zählbaren Gegenständen (vgl. S. 176, A):
 – bei den Ausdrücken (vgl. G) *nälkä, jano, kylmä, kuuma, lämmin:*

Minulla on kirja.	Ich habe ein Buch.
Minulla on nälkä.	Ich habe Hunger.

oder es steht
b. im **Partitiv Einzahl**, wenn es sich handelt um
 – eine bestimmte Anzahl (also nach einem Zahlwort ab zwei) von ganzen, zählbaren Gegenständen (B): *minulla on kaksi kirjaa, kaksi autoa*
 – Teilmengen oder unbestimmte Mengen (D und E) – meist so genannte Stoffnamen in unbestimmter Menge:
 – oder um abstrakte Begriffe und ähnliche Ausdrücke (F):

Minulla on kaksi kirjaa.	Ich habe zwei Bücher.
Minulla on kahvia.	Ich habe Kaffee.
Minulla on aikaa.	Ich habe Zeit.

c. im **Partitiv Mehrzah**l, wenn es sich
 – bei ganzen, zählbaren Sachen um eine unbestimmte Menge in der Mehrzahl (C) handelt:

Minulla on kirjoja.	Ich habe Bücher.

4. Was man **nicht hat** (vgl. hierzu Übersicht S. 177), steht gewöhnlich im Partitiv.
Eine Ausnahme bilden hier die Ausdrücke *nälkä, jano, lämmin, kuuma* und *kylm*ä, die auch bei der Verneinung in der Grundform stehen:

Grammatik

Umschreibung für das Verb »haben«

Minulla on »ich habe«

A. ganze, zählbare Gegenstände	B. ganze, zählbare Gegenstände nach einem Zahlwort	C. ganze, zählbare Gegenstände in unbestimmter Menge

A.
talo (ein Haus)
auto (ein Auto)
kirja (ein Buch)
kartta (eine Karte)
banaani (eine Banane)
appelsiini (eine Apfelsine)
piirakka (eine Pirogge)
peruna (eine Kartoffel)

B.
kaksi taloa (2 Häuser)
kaksi autoa (2 Autos)
kaksi kirjaa (2 Bücher)
kaksi karttaa (2 Karten)
kaksi banaania (2 Banenen)
kaksi appelsiinia (2 Apfelsinen)
kaksi piirakkaa (2 Piroggen)
kaksi perunaa (2 Kartoffeln)

C.
taloja (Häuser)
autoja (Autos)
kirjoja (Bücher)
karttoja (Karten)
banaaneja (Bananen)
appelsiineja (Apfelsinen)
piirakoita (Piroggen)
perunoita (Kartoffeln)

D. und E. Stoffnamen in unbestimmter Menge /Teilmengen	F. abstrakte und ähnliche Ausdrücke	G. besondere Ausdrücke

D.
banaania (etw. Banane)
appelsiinia (etw. Apfelsine)
piirakkaa (etw. Pirogge)
perunaa (etw. Kartoffel)

E.
kahvia (Kaffee)
mehua (Saft)
teetä (Tee)
olutta (Bier)
viiniä (Wein)

F.
aikaa (Zeit)
rahaa (Geld)
työtä (Arbeit)

G.
nälkä (Hunger)
jano (Durst)
kylmä (kalt)
kuuma (heiß)
lämmin (warm)

Minulla ei ole »ich habe nicht/kein«

A. ganze, zählbare Gegenstände	B. ganze, zählbare Gegenstände nach einem Zahlwort	C. ganze, zählbare Gegenstände in unbestimmter Menge
A. taloa autoa kirjaa karttaa banaania appelsiinia piirakkaa perunaa	B. kahta taloa kahta autoa kahta kirjaa kahta karttaa kahta banaania kahta appelsiinia kahta piirakkaa kahta perunaa	C. taloja autoja kirjoja karttoja banaaneja appelsiineja piirakoita perunoita

D. und E. Stoffnamen in unbestimmter Menge	F. abstrakte und ähnliche Ausdrücke	G. besondere Ausdrücke
D. banaania appelsiinia piirakkaa perunaa E. kahvia mehua teetä olutta viiniä	F. aikaa rahaa työtä	G. nälkä jano kylmä kuuma lämmin

| Minulla ei ole autoa. | Ich habe kein Auto. |
| Minulla ei ole jano. | Ich habe keinen Durst. |

Bei der **haben**-Umschreibung wird anstelle der Endung *-lla / -llä* die Endung *-ssa / -ssä* benutzt, wenn unbelebte Dinge (also keine Menschen oder Tiere) etwas haben:

| Talossa on kolme huonetta. | Das Haus hat drei Zimmer. |
| Huoneessa on kaksi ikkunaa. | Das Zimmer hat zwei Fenster. |

20.2. Die Fragewörter kenellä und millä

Will man erfragen, wer oder was etwas hat, benutzt man die Adessivformen der Fragepronomina *kuka* und *mikä*: *kenellä* und *millä*.

| Kenellä on talo? | Wer hat ein Haus? |
| Kenellä on kylmä? | Wem ist kalt? |

Das Fragewort *millä* wird meistens zusammen mit einem Hauptwort gebraucht:

| Millä eläimellä on pitkät korvat? | Welches Tier hat lange Ohren? |
| Jäniksellä on pitkät korvat. | Ein Hase hat lange Ohren. |

20.3. -ko/-kö-Fragen

Auch bei der Umschreibung für »haben« kann man Fragen mit den Fragepartikeln *-ko / -kö* bilden. Dabei wird manchmal bei einer bejahenden Frage der Partitiv auch dann verwendet, wenn es sich um ganze Gegenstände handelt (vgl. 20.1., Punkt 3.a.).

Onko sinulla sanakirjaa?	
Onko sinulla sanakirja?	Hast du ein Wörterbuch?
Eikö teillä ole mökkiä?	Habt ihr kein Sommerhaus?

Wichtig ist, dass in der Antwort immer die 3. Pers. des Verbes *olla – on* oder die Verneinungsform *ei ole* steht.

| Onko teillä aikaa? | On. |
| | Ei ole. |

21. Das Verbalsubstantiv

Von allen finnischen Verben kann man mit der Endung *-minen* das entsprechende Verbalsubstantiv ableiten. Je nach Verbtyp wird diese Endung entweder an den Stamm der Grundform oder an den Stamm der 1. Pers. Einz. gehängt.
Bei den Verbtypen 1 und 2 hängt man die Endung an den Stamm der Grundform:

1 luke-a > lukeminen	das Lesen,
matkusta-a > matkustaminen	das Reisen
2 syö-dä > syöminen	das Essen

Unregelmäßig werden folgende Verben gebildet:

näh-dä > näkeminen	das Sehen	teh-dä > tekeminen	das Machen

Bei den Verbtypen 3, 4, 5 und 6 wird das Kennzeichen an den Stamm der ersten Person gehängt:

Infinitiv	1. Pers.	Verbalsubstantiv	
3 opiskella	opiskele-n	opiskeleminen	das Studieren/Lernen
4 tavata	tapaa-n	tapaaminen	das Treffen
5 häiritä	häiritse-n	häiritseminen	das Stören
6 vanheta	vanhene-n	vanheneminen	das Älterwerden

Die Bildung der Fälle (die Deklination) erfolgt beim Verbalsubstantiv wie bei allen anderen Wörtern, die auf *-nen* in der Grundform enden: (vgl. Abschnitt 13.1.c): *lukemi|nen, lukemisen* (Genitiv), *lukemista* (Partitiv) usw.

Olen kiinnostunut matkustamisesta.	Ich interessiere mich fürs Reisen.

Eine Eigenschaft, die dem Verbalsubstantiv mit dem Verb *olla* zugeordnet wird, steht im Partitiv:

Lukeminen on hauskaa.	Lesen ist nett.

22. Der III. Infinitiv

Im Finnischen gibt es mehrere Infinitivformen, von denen wir bereits den I. Infinitiv, die Grundform der Verben, kennen. Die in Lektion 10 vorkommenden Formen *syömässä, syömästä, syömään* usw. sind Formen des so genannten III. Infinitivs. Der III. Infinitiv ist eine Verbform mit nominalem Charakter, d.h., sie kann nicht nur verbale

Bestimmungen erhalten (Objekt, Adverb), sondern sie erhält auch verschiedene Kasusendungen (Fälle). Sie ist also eine Mischform aus Verb und Substantiv. Das Kennzeichen des III. Infinitivs ist *-ma-/-mä-*. Je nach Verbtyp wird dieses Kennzeichen entweder an den Stamm der Grundform oder an den Stamm der 1. Pers. Einz. gehängt. Danach kommt die jeweilige Kasusendung, z.B. *-ssa/-ssä*.

Bei den Verbtypen 1 und 2 hängt man das Kennzeichen *-ma-, -mä-* an den Stamm der Grundform:

1 luke-a lesen > luke-ma-ssa	otta-a nehmen > otta-ma-ssa
2 syö-dä essen > syö-mä-ssä	juo-da trinken > juo-ma-ssa

Beachten Sie jedoch die unregelmäßigen Verben:

näh/dä sehen > näkemässä	teh/dä tun, machen > tekemässä

Bei den Verbtypen 3, 4, 5 und 6 wird das Kennzeichen an den Stamm der 1. Pers. gehängt:

	Infinitiv	1. Pers.	III. Infinitiv
3	opiskella lernen	> opiskele-n	> opiskele-ma-ssa
4	tavata treffen	> tapaa-n	> tapaa-ma-ssa
5	häiritä stören	> häiritse-n	> häiritse-mä-ssä
6	vanheta älter werden	> vanhene-n	> vanhene-ma-ssa

22.1. Der III. Infinitiv im Inessiv – der innere Wo-Fall (-ssa/-ssä)

Die Inessivform antwortet auf die Frage »Wo?«. Der Inessiv des III. Infinitivs bringt zum Ausdruck, dass eine Handlung noch im Gange, also noch nicht abgeschlossen, ist. Weil die Handlung noch nicht abgeschlossen ist, steht das Objekt gewöhnlich im Partitiv.

Der Inessiv des III. Infinitivs steht oft mit dem Verb *olla*, aber auch andere Verben sind möglich, z.B. *istua* »sitzen«, *seisoa* »stehen« und *käydä* »gehen«. Im Deutschen wird der Inessiv meist mit »... ist beim ...«, »... ist gerade« oder mit zwei gleichwertigen Verben z.B. »... steht ... und wartet ...« wiedergegeben.

Liisa on syömässä.	Liisa ist beim Essen. Oder: Liisa isst gerade.
Olen oppimassa suomea.	Ich bin beim Finnischlernen.
Pekka istuu lukemassa lehteä.	Pekka liest die Zeitung. (wörtlich: P. sitzt und liest die Zeitung.)
Liisa seisoo pysäkillä odottamassa bussia.	Liisa steht an der Haltestelle und wartet auf den Bus.
Käyn ostamassa maitoa.	Ich gehe Milch kaufen.

22.2. Der III. Infinitiv im Elativ – der innere *Woher*-Fall (-sta/-stä)

Der Elativ antwortet auf die Frage »Woher?«. Durch den Elativ des III. Infinitivs wird zum Ausdruck gebracht, dass die Handlung abgeschlossen ist. Als Hauptverb tritt meistens *tulla* »kommen« auf:

Tulen syömästä.	Ich komme vom Essen.

22.3. Der III. Infinitiv im Illativ – der innere *Wohin*-Fall (Vokalverlängerung + -n)

Der Illativ antwortet auf die Frage »Wohin?«. Hauptverb zum III. Infinitiv im Illativ können Verben wie *mennä* »gehen«, *lähteä* »losgehen« und *tulla* »kommen« sein:

Sitten hän menee syömään.	Dann geht sie essen.
Liisa lähtee tanssimaan.	Liisa geht tanzen.
Tule meille oppimaan suomea!	Komm zu uns Finnisch lernen!
Menen kauppaan ostamaan maitoa.	Ich gehe in den Laden Milch kaufen.

Ein oft benutzter Ausdruck ist *Syömään!* »Komm/Kommt essen«.

Über die lokale Bedeutung (*wo, woher, wohin*) hinaus steht der Illativ des III. Infinitivs bei einigen Verben und in Verbindung mit Eigenschaftswörtern, z.B.:

Rupean lukemaan.	Ich fange an zu lesen.
Hän on hyvä tanssimaan.	Er ist gut im Tanzen.

Außer in den inneren Lokalfällen kann der III. Infinitiv im Adessiv (*-lla / -llä > syömällä* »durch Essen, indem man isst«) und im Abessiv (*-tta / -ttä > syömättä* »ohne zu essen«) stehen.

In der gesprochenen Sprache wird beim Illativ des III. Infinitivs häufig das Kennzeichen -ma/-mä weggelassen, z.B.

Mä meen kysyyn.	(= Minä menen kysymään)	Ich gehe fragen.
Hän rupee lukeen.	(= Hän rupeaa lukemaan)	Er fängt an zu lesen.

Diese Kürzung ist nicht möglich bei Verben vom Typ 2.

Grammatik

23. Pronomina

23.1. Die persönlichen Fürwörter (Personalpronomina) und das Fragewort *kuka*:

	wer?	ich	du	er/sie
Nominativ	kuka?	minä	sinä	hän
Genitiv	kenen?	minun	sinun	hänen
Partitiv	ketä?	minua	sinua	häntä
Akkusativ	kenet?	minut	sinut	hänet
Inessiv	kenessä?	minussa	sinussa	hänessä
Elativ	kenestä?	minusta	sinusta	hänestä
Illativ	keneen?	minuun	sinuun	häneen
Adessiv	kenellä?	minulla	sinulla	hänellä
Ablativ	keneltä?	minulta	sinulta	häneltä
Allativ	kenelle?	minulle	sinulle	hänelle

		wir	ihr	sie
Nominativ	ketkä	me	te	he
Genitiv		meidän	teidän	heidän
Partitiv	keitä	meitä	teitä	heitä
Akkusativ		meidät	teidät	heidät
Inessiv		meissä	teissä	heissä
Elativ		meistä	teistä	heistä
Illativ		meihin	teihin	heihin
Adessiv		meillä	teillä	heillä
Ablativ		meiltä	teiltä	heiltä
Allativ		meille	teille	heille

Beispiele:

Sinä olet Ulla.	Du bist Ulla.
Tämä kirja on sinun.	Dieses Buch ist deins.
Käyn huomenna sinun luona.	Ich besuche dich morgen.
Täytyykö sinun jo lähteä?	Mußt du schon gehen?
Tunnen sinut hyvin.	Ich kenne dich gut.

Rakastan sinua.	Ich liebe dich.
Pekka ei tunne sinua.	Pekka kennt dich nicht.
Sinussa on kuumetta.	Du hast Fieber.
Tykkään sinusta.	Ich mag dich.
Onko tämä sinusta hyvä?	Findest du das gut?
Haluan tutustua sinuun.	Ich möchte dich kennen lernen.
Sinulla on aina kiire.	Du hast es immer eilig.
Onko tämä kirje sinulta?	Ist dieser Brief von dir?
Saanko kysyä sinulta jotakin?	Darf ich dich etwas fragen?
Soitan sinulle huomenna.	Ich rufe dich morgen an.
Tämä kirje on sinulle.	Dieser Brief ist für dich.

23.2. Mehrzahlformen von kuka

Zwei Mehrzahlformen des Frageworts *kuka* kommen in diesem Buch vor: *ketkä* (Nominativ) und *keitä* (Partitiv). Mit *ketkä* fragt man nach bekannten Personen, während *keitä* ungenauer ist und bei unbekannten Personen benutzt wird.

Ketkä ovat ensi viikolla täällä? Pekka, Jussi, Leena ja minä (d.h., keine anderen).
Keitä siellä on? Pekka, Jussi ... (und vielleicht noch andere).
Keitä te olette? Me olemme Kati ja Pirkko.

Anstelle von *keitä* erscheint in der gesprochenen Sprache oft die Einzahlform *ketä*.

23.3. Demonstrativa

Die hinweisenden Fürwörter (Demonstrativpronomina) *tämä, tuo, se* und das Fragewort *mikä*:

	welcher	dieser	jener	das/es
Nominativ	mikä?	tämä	tuo	se
Genitiv	minkä?	tämän	tuon	sen
Partitiv	*mi*tä?	*tä*tä	tuota	*si*tä
Inessiv	*mi*ssä?	*tä*ssä	tuossa	*siinä*
Elativ	*mi*stä?	*tä*stä	tuosta	*siitä*
Illativ	*mi*hin?	*tä*hän	tuohon	*siihen*
Adessiv	*mi*llä?	*tä*llä	tuolla	*si*llä
Ablativ	*mi*ltä?	*tä*ltä	tuolta	*si*ltä
Allativ	*mi*lle?	*tä*lle	tuolle	*si*lle
Essiv	*mi*nä?	tänä	tuona	*si*nä
Mehrzahl	mi*t*kä?	*nämä*	*nuo*	*ne*

Beispiele:

Tämä kaupunki on kiva.	Diese Stadt ist schön.
Tämän kaupungin nimi on Kuopio.	Der Name dieser Stadt ist Kuopio.
Hän asuu tämän kaupungin lähellä.	Er wohnt in der Nähe dieser Stadt.
Tunnetko tämän kaupungin?	Kennst du diese Stadt?
Etkö tunne tätä kaupunkia?	Kennst du diese Stadt nicht?
Rakastan tätä kaupunkia.	Ich liebe diese Stadt.
Tässä kaupungissa on kaunis kirkko.	In dieser Stadt gibt es eine schöne Kirche.
Hän on kotoisin tästä kaupungista.	Sie stammt aus dieser Stadt.
Pidän tästä kaupungista.	Ich mag diese Stadt.
Haluatko matkustaa tähän kaupunkiin?	Willst du in diese Stadt reisen?
Olisi kiva tutustua tähän kaupunkiin.	Es wäre schön, diese Stadt kennen zu lernen.
Kirja on tällä pöydällä.	Das Buch liegt auf diesem Tisch.
Asuuko hän tällä kadulla?	Wohnt er in dieser Straße?
Mennäänkö me tällä autolla?	Fahren wir mit diesem Auto?
Tällä tytöllä on uusi kello.	Dieses Mädchen hat eine neue Uhr.
Voit ottaa kirjan tältä pöydältä.	Du kannst das Buch von diesem Tisch nehmen.
Pane se sitten takaisin tälle pöydälle!	Lege es dann wieder auf diesen Tisch!

24. Ortsbestimmungen

Ortsbestimmungen sind selbstständige Wörter mit lokaler Bedeutung.
Auf die Frage *Missä Leena on?* sind z.B folgende Antworten möglich:

Hän on täällä.	Sie ist hier (z.B. hier im Zimmer, hier in Hamburg).
Hän on tässä.	Sie ist hier (»an dieser Stelle«, in der Nähe des Sprechers).
Hän on tuolla.	Sie ist dort (z.B. dort, dort in der Straße).
Hän on tuossa.	Sie ist dort (»an jener Stelle«, nicht weit weg vom Sprecher).
Hän on siellä.	Sie ist da (z.B. in Kuopio – ich kann nicht hinsehen).
Hän on siinä.	Sie ist da (darin, »an der Stelle«, z.B. auf einem Bild).

Der Unterschied zwischen *täällä – tässä, tuolla – tuossa* und *siellä – siinä* liegt in der Genauigkeit der Aussage. *Täällä, tuolla* und *siellä* sind umfassender in der Bedeutung, während *tässä, tuossa* und *siinä* einen genau erkennbaren Punkt oder eine bestimmte Stelle bezeichnen. Die jeweilige Bedeutung ist also situationsbezogen.

Entsprechend der lokalen Fragen: *wo?*, *woher?*, *wohin?* gibt es auch bei den Ortsbestimmungen jeweils drei Formen:

Täällä, täältä, tänne	hier, von hier, hierher
Tässä, tästä, tähän	hier, von hier, hierher
Tuolla, tuolta, tuonne	dort, von dort, dorthin
Tuossa, tuosta, tuohon	dort, von dort, dorthin
Siellä, sieltä, sinne	da, von da, dahin
Siinä, siitä, siihen	da, darin, von da, dahin

Weitere Ortsbestimmungen sind z.B.

Kotona, kotoa, kotiin	zu Hause
Ulkona, ulkoa, ulos	draußen

25. Die Zahlwörter

25.1. Die Grundzahlen

1	yksi	6	kuusi
2	kaksi	7	seitsemän
3	kolme	8	kahdeksan
4	neljä	9	yhdeksän
5	viisi	10	kymmenen

11	yksitoista	14	neljätoista
20	kaksikymmentä	80	kahdeksankymmentä
21	kaksikymmentäyksi		

100	sata	500	viisisataa
1000	tuhat	6000	kuusituhatta

3654	kolmetuhatta kuusisataaviisikymmentäneljä,
2714	kaksituhatta seitsemänsataaneljätoista,
5238	viisituhatta kaksisataakolmekymmentäkahdeksan.

Die Zahlen von 11 bis 19 werden gebildet, indem man an das entsprechende Zahlwort von *eins* bis *neun* den unveränderlichen Bestandteil *-toista* anhängt.

Die vollen Zehnerzahlen ab 20 werden aus dem entsprechenden Zahlwort ab 2 und dem Bestandteil *-kymmentä* gebildet.

Die vollen Hunderterzahlen

100 heißt auf Finnisch *sata*. Die anderen (vollen) Hunderterzahlen bildet man, indem an das entsprechende Zahlwort der Bestandteil -*sataa* angefügt wird.

Die vollen Tausenderzahlen

1000 lautet *tuhat*. Die anderen (vollen) Tausenderzahlen bildet man mit dem entsprechenden Zahlwort ab 2 und dem Bestandteil -*tuhatta*.

Die Zwischenzahlen ab 21

Die Zahlen zwischen den vollen Zehner-, Hunderter- und Tausenderzahlen setzen sich von links nach rechts aus den Tausender-, Hunderter-, Zehner- und Einerzahlen zusammen.

Zahlwörter werden auch dekliniert:

Lähdemme sinne kahdella autolla.	Wir fahren mit zwei Autos dorthin.

25.2. Die Ordnungszahlen

Die Ordnungszahlen werden mit der Endung -*s* vom Genitivstamm gebildet. Die Zahlen von 1. bis 3. sind jedoch unregelmäßig. Bei den zusammengesetzten Zahlen wird die Endung an alle Bestandteile angehängt, außer an das unveränderliche -*toista*.

1.	ensimmäinen	6.	kuudes
2.	toinen	7.	seitsemäs
3.	kolmas	8.	kahdeksas
4.	neljäs	9.	yhdeksäs
5.	viides	10.	kymmenes

11.	yhdestoista	14.	neljästoista
20.	kahdeskymmenes	80.	kahdeksaskymmenes
21.	kahdeskymmenesyhdes oder kahdeskymmenesensimmäinen		
22.	kahdeskymmeneskahdes oder kahdeskymmenestoinen		
23.	kahdeskymmeneskolmas jne.		

Bei zusammengesetzten Ordnungszahlen kann es statt -*ensimmäinen* auch -*yhdes* und statt -*toinen* auch -*kahdes* heißen.

25.3. Die Anzahl – kuinka monta? montako? »wie viele?«

Ist von bestimmten Gegenständen die Rede, nimmt man die bestimmte Mehrzahlform, die mit der Endung -t gebildet wird:

Kirjat ovat pöydällä.	Die Bücher sind auf dem Tisch.
Tytöt ovat kaupassa.	Die Mädchen sind in dem Laden.
Pienet autot ovat kadulla.	Die kleinen Autos sind auf der Straße.

Wenn zum Ausdruck kommen soll, wie viele Bücher, Mädchen, kleine Autos gemeint sind, d.h., wenn ein Zahlwort hinzugefügt wird, wird der Partitiv in der Einzahl verwendet.

Pöydällä on kolme kirjaa.	Auf dem Tisch sind drei Bücher.
Kaupassa on viisi tyttöä.	In dem Laden sind fünf Mädchen.
Kadulla on kymmenen pientä autoa.	Auf der Straße sind zehn kleine Autos.

Die entsprechenden Fragewörter sind *kuinka monta?* bzw. *montako?* »wie viele?«

Kuinka monta kirjaa on pöydällä?	Wie viele Bücher sind auf dem Tisch?
Kuinka monta tyttöä on kaupassa?	Wie viele Mädchen sind im Laden?
Kuinka monta pientä autoa on kadulla?	Wie viele kleine Autos sind auf der Straße?

Hier entspricht der deutschen Mehrzahlform also der Partitiv in der Einzahl. Deshalb steht das Verb in der Einzahl (hier *on* und nicht *ovat*).

25.4. Preisangaben

Mit den Fragewörtern *kuinka paljon*, *paljonko* und *mitä* fragt man nach dem Preis.

Kuinka paljon se maksaa?	
Paljonko se maksaa?	Wie viel kostet das?
Mitä se maksaa?	

25.4.1. Eine Währungseinheit

Beträgt der Preis eine ganze Währungseinheit, steht die Währungseinheit im Genitiv-Akkusativ:

Mitä tämä kynä maksaa?	Was kostet dieser Stift?
Se maksaa (yhden) euron.	Er kostet einen Euro.
Se maksaa (yhden) kruunun.	Er kostet eine Krone.
Se maksaa (yhden) dollarin.	Er kostet einen Dollar.

25.4.2. Mehrere volle Währungseinheiten

Beträgt der Preis zwei oder mehr Währungseinheiten, steht nach dem Zahlwort der Partitiv:

Kuinka paljon tämä kirja maksaa?	Wieviel kostet dieses Buch?
Mitä tämä kirja maksaa?	Was kostet dieses Buch?
Se maksaa kahdeksan euroa.	Es kostet acht Euro.

25.4.3. Preise zwischen zwei vollen Währungseinheiten

Liegt der Preis zwischen zwei vollen Währungseinheiten, wird er wie folgt angegeben:

€ 2,50: *(Kukka maksaa) kaksi euroa viisikymmentä senttiä*
       oder kurz: *kaksi viisikymmentä*
€ 3,75: *(Kynä maksaa) kolme euroa seitsemänkymmentäviisi senttiä*
       oder kurz: *kolme seitsemänkymmentäviisi*

25.4.4. Verkürzungen in der Umgangssprache

In der Umgangssprache heißt es oft nur:
€ 1,50: yks(i) viis(i)kymmentä = yksviiskyt
€ 2,75: kaks(i)seitsemänkymmentäviis(i) = kaksseitkytviis
Das heißt, die Zahlen werden zusammengezogen und die Währungseinheit wird nicht immer genannt.

Übersichten

Konsonantische Veränderungen/Stufenwechsel

Sowohl bei Verben als auch bei Nomina kann es zu Konsonantenveränderungen (Stufenwechsel) kommen. Es gibt jeweils 2 Typen von Stufenwechsel.
Bei Verben gilt der Stufenwechsel Typ I für Verbtyp 1, Typ II für die Verbtypen 3, 4 und 6 (vgl. 10.1.1.1.ff.).
Bei den Nomina kommt der Stufenwechsel Typ I weitaus häufiger vor als der Typ II (vgl. 13.1.a. für beide Typen).
Bei welchen Personalformen und in welchen Fällen jeweils die starke Stufe der Konsonanten steht, ist in den folgenden Tabellen dargestellt. Fettgedruckt ist jeweils die starke Stufe.

Verben

Person	Typ I tietää	Typ II tavata
minä	tie**d**än	ta**p**aan
sinä	tie**d**ät	ta**p**aat
hän	tie**t**ää	ta**p**aa
me	tie**d**ämme	ta**p**aamme
me (ugsspr.)	tie**d**etään	tavataan
te	tie**d**ätte	ta**p**aatte
he	tie**t**ävät	ta**p**aavat

Nomina

Fall	Typ I	Typ II
Nominativ	ty**tt**ö	osoite
Genitiv	ty**t**ön	osoi**tt**een
Partitiv	ty**tt**öä	osoitetta
Inessiv	ty**t**össä	osoi**tt**eessa
Elativ	ty**t**östä	osoi**tt**eesta
Illativ	ty**tt**öön	osoi**tt**eeseen
Adessiv	ty**t**öllä	osoi**tt**eella
Ablativ	ty**t**öltä	osoi**tt**eelta
Allativ	ty**t**ölle	osoi**tt**eelle
Translativ	ty**t**öksi	osoi**tt**eeksi
Essiv	ty**tt**önä	osoi**tt**eena

Liste der vorkommenden Verben

Verbtyp 1

ajaa, ajan 1: Ajan sinne autolla.

(10) fahren: Ich fahre mit dem Auto dahin.

antaa, annan 1 + lle: Annan tämän kirjeen Leenalle. Voitko antaa minulle maitoa?

(9) jdm. etw. geben: Ich gebe Leena diesen Brief. Kannst du mir Milch geben?

asua, asun 1: Minä asun Hampurissa. Hän asuu Asemakadulla.

(4) wohnen: Ich wohne in Hamburg. Er wohnt in der Bahnhofstraße.

auttaa, autan 1+ Partitiv: Voinko auttaa sinua?

(11) jdm. helfen: Kann ich dir helfen?

istua, istun 1: Saanko istua tällä tuolilla?

(8) sitzen: Darf ich auf diesem Stuhl sitzen?

kertoa, kerron 1; kertoa terveisiä: Kerro terveisiä Hannalle!

(10) erzählen; Grüße bestellen: Bestelle Hanna Grüße!

kiittää, kiitän 1 + Part + sta/stä: Kiitän sinua kaikesta.

(Gr) jdm. für etw. danken: Ich danke dir für alles.

kirjoittaa, kirjoitan 1 + lle: Kirjoitan kortin Heidille.

(10) jdm. schreiben: Ich schreibe Heidi eine Karte.

kulkea, kuljen 1

(Gr) gehen

kylpeä, kylven 1

(Gr) baden

kysyä, kysyn 1 + lta/ltä + Partitiv: Kysytään Pekalta tietä!

(Gr) jdn. nach etw. fragen: Lass uns Pekka nach dem Weg fragen!

laulaa, laulan 1 Jouluna lauletaan joululauluja.

(Anh) singen: Weihnachten werden Weihnachtslieder gesungen.

lentää, lennän 1: Lennän Helsinkiin ensi viikolla.

(9) fliegen: Ich fliege nächste Woche nach Helsinki.

lukea, luen 1: Luen tämän kirjan lomalla. Olen lukemassa tätä kirjaa.

(10) lesen: Ich lese dieses Buch im Urlaub. Ich bin gerade dabei, dieses Buch zu lesen.

lähteä, lähden 1 + woher: Laiva lähtee Helsingistä. Juna lähtee Tampereelta klo 5.

(10) losfahren: Das Schiff fährt in Helsinki ab. Der Zug fährt um 5 Uhr in Tampere ab.

lähteä, lähden 1 + wohin: Lähden ensi viikolla Helsinkiin. Huomenna lähden Tampereelle.

(10) losgehen, abfahren: Ich fahre nächste Woche nach Helsinki. Morgen fahre ich (los) nach Tampere.

maksaa, maksan 1: Maksan banaanit. Mitä tämä maksaa?

(11) kosten, bezahlen: Ich bezahle die Bananen. Was kostet das?

matkustaa, matkustan 1: Minne matkustat lomalla? Matkustatko Suomeen laivalla?

(9) reisen: Wohin reist du im Urlaub? Reist du nach Finnland mit dem Schiff?

muistaa, muistan 1: Muistatko minut vielä?

(11) sich erinnern: Erinnerst du dich noch an mich?

muistuttaa, muistutan 1 + Partitiv: Hän muistuttaa sinua. Voitko muistuttaa minua, että soitan Pekalle?

(Gr) jdm. ähneln, jdn. an etw. erinnern: Er ähnelt dir. Kannst du mich daran erinnern, dass ich Pekka anrufe?

nukkua, nukun 1: Nuku hyvin!

(2) schlafen: Schlaf gut!

odottaa, odotan 1 + Partitiv: Ketä odotat? Odottaako hän bussia?

(11) auf jdn. oder etw. warten: Auf wen wartest du? Wartet er auf den Bus?

oppia, opin 1: Me opimme suomea.

(Gr) lernen: Wir lernen Finnisch.

ostaa, ostan 1: Ostan saksalaisen lehden. Voitko sinä ostaa maitoa?

(7) kaufen: Ich kaufe eine deutsche Zeitung. Kannst du Milch kaufen?

ottaa, otan 1: Otatko Leenan ja minut mukaan? Otatko kahvia?

(8) nehmen: Nimmst du Leena und mich mit? Nimmst du Kaffee?

pitää, pidän 1+ sta/stä: Pidätkö hänestä? Pidän kahvista.

(10) jdn. oder etw. mögen: Magst du ihn? Ich mag Kaffee.

pitää (nur 3. Pers.; Gen. + pitää): Minun pitää lähteä.

(Gr) müssen/sollen: Ich muss gehen.

puhua, puhun 1 + sta/stä: Puhutko sinä Leenasta?

(Gr) von oder über etw. sprechen: Sprichst du über Leena?

puhua, puhun 1: Mitä kieliä sinä puhut? Minä puhun saksaa, englantia ja suomea.

(4) sprechen: Welche Sprachen sprichst du? Ich spreche Deutsch, Englisch und Finnisch.

rakastaa, rakastan 1 + Partitiv: Rakastan häntä. Rakastan matkustamista.

(11) jdn. oder etw. lieben: Ich liebe ihn/sie. Ich liebe das Reisen.

saapua, saavun 1 + wohin: Juna saapuu Helsinkiin. Milloin juna saapuu Tampereelle?

(10) ankommen: Der Zug kommt in Helsinki an. Wann kommt der Zug in Tampere an?

sanoa, sanon 1: Mitä sanot?

(4) sagen: Was sagst du?

seisoa, seison 1: Kuka tuolla seisoo?

(Gr) stehen: Wer steht dort?

soittaa, soitan 1 + lle: Saanko soittaa sinulle huomenna?

(10) jdn. anrufen: Darf ich dich morgen anrufen?

särkeä, särjen 1: Tätä ei saa särkeä.

(Gr) zerschlagen, kaputtmachen: Das darf man nicht kaputtmachen.

tanssia, tanssin 1: Mennäänkö tanssimaan? Hän tanssii hyvin.

(10) tanzen: Wollen wir tanzen gehen? Er tanzt gut.

tietää, tiedän 1: Tiedätkö, missä hän asuu? Tiedätkö Leenan osoitteen?

(4) wissen: Weißt du, wo er wohnt? Weißt du Leenas Adresse?

toivottaa, toivotan 1:
Toivotan sinulle iloista joulua.

(Anh) wünschen:
Ich wünsche dir frohe Weihnachten.

tuntea, tunnen 1: Tunnetko hänet hyvin?

(7) kennen: Kennst du ihn/sie gut?

tutustua, tutustun 1 + Illativ: Olisi kiva tutustua häneen. Haluan tutustua Helsinkiin.

(Gr) jdn. oder etw. kennen lernen: Es wäre schön, sie/ihn kennen zu lernen. Ich will Helsinki kennen lernen.

täytyä, täytyy + Gen. (nur 3. Pers., wird bei allen Personen gebraucht): Minun täytyy ostaa uusi auto. Verneinung: Minun ei tarvitse ostaa uutta autoa.

(10) müssen: Ich muss ein neues Auto kaufen. Ich brauche kein neues Auto zu kaufen.

viettää, vietän 1:
Vietän joulun Suomessa.

(Anh) feiern, verbringen
Ich feiere Weihnachten in Finnland.

ymmärtää, ymmärrän 1: Ymmärrätkö ruotsia? Ymmärrätkö tämän?

(4) verstehen: Verstehst du Schwedisch? Verstehst du dies?

Verbtyp 2

juoda, juon 2: Juon kahvia. Juon vain yhden oluen.

(11) trinken: Ich trinke Kaffee. Ich trinke nur ein Bier.

käydä, käyn 2 + Genitiv + luona; Mehrz. oft -lla/-llä: Huomenna käyn Pekan luona.Käyn ensi viikolla teillä.

(10) jdn. besuchen:
Morgen besuche ich Pekka.
Ich besuche euch nächste Woche.

käydä, käyn 2 + wo: Käyn kirjastossa ja asemalla.

(10) gehen, besuchen: Ich gehe in die Bibliothek und zum Bahnhof.

nähdä, näen 2

(Gr) sehen

saada, saan 2: Saanko esitellä? Huomenna saat kirjeen minulta.

(8) dürfen, bekommen: Darf ich vorstellen? Morgen bekommst du einen Brief von mir.

syödä, syön 2: Syön juustoa ja leipää. Saanko syödä tämän leivän?

(10) essen: Ich esse Käse und Brot. Darf ich dieses Brot essen?

tehdä, teen 2: Mitä teet huomenna? Mitä olet juuri tekemässä?

(10) tun, machen: Was machst du morgen? Was machst du gerade?

uida, uin 2: Onko hän uimassa?

(10) schwimmen: Ist er beim Schwimmen?

voida, voin 2: Voitko tulla huomenna? Voisimme käydä syömässä!

(8) können: Kannst du morgen kommen? Wir könnten essen gehen!

Verbtyp 3

ajatella, ajattelen 3 + Partitiv: Ajattelen sinua usein.

(12) an jdn. oder etw. denken, überlegen: Ich denke oft an dich.

esitellä, esittelen 3:
Saanko esitellä sinut Pekalle?

vorstellen:
(Gr) Darf ich dich Pekka vorstellen?

kävellä, kävelen 3: Kävelen mielelläni metsässä. Mennäänkö kävelemään? (Gr) spazieren, spazierengehen: Ich gehe gern im Wald spazieren. Wollen wir spazieren gehen?

luulla, luulen 3: Luuletko, että hän on kotona? (7) glauben, vermuten, meinen: Glaubst du, dass er zu Hause ist?

mennä, menen 3: Menen ensin postiin ja sitten asemalle. Menen sinne pyörällä. (9) gehen: Ich gehe erst zur Post und dann zum Bahnhof. Ich fahre mit dem Rad dahin.

muistella, muistelen 3 + Partitiv: Muistelen häntä usein. (Gr) sich erinnern, gedenken: Ich erinnere mich oft an ihn/sie.

nousta, nousen 3 (Gr) aufstehen, einsteigen, aussteigen

olla menossa, olen menossa 3: Minne olet menossa? Olen menossa postiin ja asemalle. (10) gerade unterwegs sein: Wohin bist du gerade unterwegs? Ich bin unterwegs zur Post und zum Bahnhof.

olla tulossa, olen tulossa 3: Mistä olet tulossa? Olen tulossa postista. Olen tulossa asemalta. (10) gerade kommen: Wo kommst du gerade her? Ich komme gerade von der Post. Ich komme gerade vom Bahnhof.

olla, olen 3: Kuka sinä olet? (4) sein: Wer bist du?

panna, panen 3: Panenko kirjan laukkuun? Pane se pöydälle! (9) legen, stellen, hineintun: Soll ich das Buch in die Tasche stecken? Lege es auf den Tisch!

purra, puren 3 (Gr) beißen

päästä, pääsen 3: Miten minä pääsen asemalle? (11) kommen, gelangen: Wie komme ich zum Bahnhof?

soitella, soittelen 3: Soitellaan ensi viikolla! (10) anrufen: Wir telefonieren nächste Woche!

tulla, tulen 3: Tulen Suomesta. Tulen huomenna Hampuriin. (9) kommen: Ich komme aus Finnland. Ich komme morgen nach Hamburg.

Verbtyp 4

haluta, haluan 4: Haluatko tulla mukaan? (10) wollen, wünschen: Willst du mitkommen?

huomata, huomaan 4: Huomaa! (Gr) merken: Merke!

hypätä, hyppään 4 (Gr) springen

hävitä, häviän 4 (Gr) verschwinden, verloren gehen

kadota, katoan 4 (Gr) verschwinden

kerrata, kertaan 4 (Gr) wiederholen

osata, osaan 4: Osaako hän puhua ranskaa? (Gr) können: Kann er Französisch sprechen?

ruveta, rupean 4 + **-maan/-mään**: Rupean kirjoittamaan. (Gr) anfangen: Ich fange an zu schreiben.

selvitä, selviän 4: Kyllä minä selviän.

(Gr) zurechtkommen: Ich komme schon zurecht.

tavata, tapaan 4: Missä tapaat Pekan? Tavataanko huomenna?

(7) treffen: Wo triffst du Pekka? Wollen wir uns morgen treffen?

tykätä, tykkään 4 + sta/stä: Tykkään sinusta. Tykkäätkö viinistä?

(10) jdn. oder etw. mögen: Ich mag dich. Magst du Wein?

vuokrata, vuokraan 4: Vuokraatteko mökin lomalla?

(11) mieten: Mietet ihr im Urlaub ein Sommerhaus?

Verbtyp 5

häiritä, häiritsen 5 + Partitiv: Häiritsenkö sinua? Saanko häiritä hetkisen?

(Gr) stören: Störe ich dich? Darf ich dich einen Moment stören?

tarvita, tarvitsen 5: Mitä sinä tarvitset?

(Gr) brauchen, benötigen: Was brauchst du?

valita, valitsen 5: Saanko valita yhden kirjan?

(Gr) wählen, aussuchen: Darf ich ein Buch aussuchen?

Verbtyp 6

kalveta, kalpenen 6

(Gr) blass werden

vanheta, vanhenen 6

(Gr) älter werden

Verschiedene Formen der Fragewörter mit Beispielen

mikä, minkä, mitä?

mikä	Mikä olet ammatiltasi?	Was bist du von Beruf?
	Mikä sinun nimi on?	Wie heißt du? Wie ist dein Name?
	Mikä kirja tämä on?	Welches Buch ist dieses?
	Mikä tämä on?	Was ist dies?
mitkä	Mitkä ovat viikonpäivät?	Welche sind die Wochentage?
	Mitkä autot?	Welche Autos?
	Mitkä kirjat sinä otat?	Welche Bücher nimmst du?
minkä	Minkä maan pääkaupunki on Tukholma?	Von welchem Land ist Stockholm die Hauptstadt?
	Minkä rakennuksen lähellä posti on?	In der Nähe von welchem Gebäude ist die Post?
	Minkä kirjan sinä otat?	Welches Buch nimmst du?
mitä	Mitä kieltä sinä puhut?	Welche Sprache sprichst du?
	Mitä kuuluu?	Wie geht's?
	Mitä se on saksaksi?	Wie heißt das auf deutsch?
	Mitä sinä ostat?	Was kaufst du?
	Mitä se maksaa?	Was kostet das?
	Mitä syöt?	Was isst du?
	Mitä juot?	Was trinkst du?
	Mitä teet?	Was machst du?
	Mitä rakastat?	Was liebst du?
	Mitä odotat?	Worauf wartest du?
missä	Missä sinä asut?	Wo wohnst du?
	Missä kirja on?	Wo ist das Buch?
	Missä hän on työssä?	Wo arbeitet er?
	Missä maassa/kaupungissa hän asuu?	In welchem Land/in welcher Stadt wohnt er?
	Missä talossa hän asuu?	In welchem Haus wohnt er?
	Missä käyt?	Wo gehst du hin? Wen (oder was) besuchst du?
mistä	Mistä olet kotoisin?	Wo kommst du her? Woher stammst du?
	Mistä tulet?	Woher kommst du?
	Mistä olet tulossa?	Wo kommst du gerade her?
	Mistä laiva lähtee?	Wo fährt das Schiff ab?
	Mistä satamasta laiva lähtee?	Von welchem Hafen fährt das Schiff ab?
	Mistä maasta olet?	Aus welchem Land bist du?
	Mistä olet kiinnostunut?	Wofür interessierst du dich?
	Mistä pidät?	Was magst du?
	Mistä tykkäät?	Was magst du?

mihin	Mihin maahan te matkustatte lomalla?	In welches Land fahrt ihr im Urlaub?
	Mihin laukkuun sinä panet kirjan?	In welche Tasche steckst du das Buch?
	Mihin minä panen tämän?	Wo soll ich das hintun?
	Mihin haluat tutustua Helsingissä?	Was willst du in Helsinki kennen lernen?
	Mihin menet?	Wohin gehst du?
minne	Minne menet?	Wohin gehst du?
	Minne olet menossa?	Wohin bist du gerade unterwegs?
	Minne tuo juna menee?	Wohin fährt jener Zug?
	Minne juna saapuu?	Wo kommt der Zug an?
millä	Millä pöydällä kirja on?	Auf welchem Tisch liegt das Buch?
	Millä kadulla hän asuu?	In welcher Straße wohnt er?
	Millä viikolla kurssi on?	In welcher Woche ist der Kursus?
	Millä (=miten) menet kaupunkiin?	Womit (wie) fährst du in die Stadt?
miltä	Miltä pöydältä nämä kirjat ovat?	Von welchem Tisch sind diese Bücher?
mille	Mille pöydälle minä panen nämä kirjat?	Auf welchen Tisch soll ich diese Bücher legen?
miksi	Miksi sinä opit suomea?	Warum lernst du Finnisch?
minä	Minä päivänä sinä olet kotona?	An welchem Tag bist du zu Hause?

kuka, kenen, ketä?

kuka	Kuka sinä olet?	Wer bist du?
	Kuka tuo tyttö on?	Wer ist jenes Mädchen?
	Kuka tulee mukaan?	Wer kommt mit?
ketkä	Ketkä lähtevät mukaan?	Wer kommt mit? (Plural)
kenen	Kenen tämä kirja on?	Wessen Buch ist dies? Wem gehört dieses Buch?
	Kenen vuoro nyt on?	Wer ist jetzt dran?
	Kenen täytyy lähteä?	Wer muss gehen?
	Kenen luona käyt huomenna?	Wen besuchst du morgen?
	Kenen kanssa käyt teatterissa?	Mit wem gehst du ins Theater?
kenet	Kenet sinä otat mukaan?	Wen nimmst du mit?
	Kenet sinä tunnet?	Wen kennst du?
	Kenet tapaat kirjastossa?	Wen triffst du in der Bibliothek?
ketä	Ketä sinä odotat?	Auf wen wartest du?
	Ketä sinä rakastat?	Wen liebst du?
	Ketä sinä autat?	Wem hilfst du?
	Ketä sinä et tunne?	Wen kennst du nicht?

| keitä | Keitä te olette? | Wer seid ihr? |
| | Keitä nuo tytöt ovat? | Wer sind jene Mädchen? |

| kenessä | Kenessä on kuumetta? | Wer hat Fieber? |
| (kessä)* | Kenessä on flunssa? | Wer hat Grippe? |

kenestä	Kenestä sinä tykkäät?	Wen magst du?
(kestä)*	Kenestä sinä pidät?	Wen magst du?
	Kenestä tämä idea on hyvä?	Wer findet diese Idee gut?
	Kenestä viini on hyvää?	Wer findet Wein gut? Wer mag Wein?

| keneen | Keneen sinä haluat tutustua | Wen willst du im Urlaub kennen lernen? |
| (kehen)* | lomalla? | |

kenellä	Kenellä on sanakirja mukana?	Wer hat ein Wörterbuch dabei?
(kellä)*	Kenellä on aikaa?	Wer hat Zeit?
	Kenellä ei ole pyörää?	Wer hat kein Rad?

| keneltä | Keneltä tämä kirje on? | Von wem ist dieser Brief? |
| (keltä)* | Keneltä saan kertoa terveisiä? | Von wem darf ich Grüße bestellen? |

kenelle	Kenelle tämä kirje on?	Für wen ist dieser Brief?
(kelle)*	Kenelle sinä kirjoitat kortin?	Wem schreibst du eine Karte?
	Kenelle sinä annat tämän kukan?	Wem gibst du diese Blume?
	Kenelle sinä soitat?	Wen rufst du an?

*(in Klammern: umgangssprachliche Kurzformen)

millai|nen, -sen, millaista?

Millainen hän on?	Wie ist er/sie?
Millaisen auton ostat?	Was für ein Auto kaufst du?
Millaista viini on?	Wie ist der Wein?

minkäväri|nen, -sen, minkäväristä?

Minkävärinen sinun uusi auto on?	Welche Farbe hat dein neues Auto?
Minkävärisen auton sinä ostat?	In welcher Farbe kaufst du ein Auto?
Minkäväristä kaakao on?	Welche Farbe hat Kakao?

minkämaalai|nen, -sen, minkämaalaista?

Minkämaalainen sinä olet?	Welcher Nationalität bist du?
Minkämaalaisen auton haluat ostaa?	Aus welchem Land willst du ein Auto kaufen?
Minkämaalaista tämä viini on?	Aus welchem Land ist dieser Wein?
Minkämaalaisia he ovat?	Welcher Nationalität sind sie?

milloin?

Milloin tavataan?   Wann treffen wir uns?

miten?

Miten menet tavallisesti työhön?   Wie gehst du gewöhnlich zur Arbeit?

miten paljon?

Miten paljon se maksaa?   Wie viel kostet das?

kuinka paljon?

Kuinka paljon se maksaa?   Wie viel kostet das?

paljonko?

Paljonko se maksaa?   Wie viel kostet das?

miten monta?

Miten monta teitä on?   Wie viele seid ihr?
Miten monta kynää sinulla on?   Wie viele Stifte hast du?

kuinka monta?

Kuinka monta teitä on?   Wie viele seid ihr?
Kuinka monta autoa tässä kuvassa on?   Wie viele Autos sind auf diesem Bild?

montako?

Montako teitä on?   Wie viele seid ihr?
Montako kirjaa tässä on?   Wie viele Bücher sind hier?

monesko?

Monesko päivä tänään on?   Der Wievielte ist heute?

Grammatikalische Ausdrücke mit Erläuterungen und Beispielen

verwendeter Begriff	deutscher Ausdruck/Erläuterung	Beispiel
Ablativ	äußerer Woher-Fall	Endung *-lta / -ltä*; *pöydältä*
Adessiv	äußerer Wo-Fall	Endung *-lla / -llä*; *pöydällä*
Akkusativ	Wenfall (nur bei Pers.pron. u. Fragewort *kuka*)	Endung *-t*; *minut, kenet*
Allativ	äußerer Wohin-Fall	Endung *-lle*; *pöydälle*
Demonstrativpronomen	hinweisendes Fürwort	tämä, tuo, se; nämä, nuo, ne
Elativ	innerer Woher-Fall	Endung *-sta / -stä*; *laukusta*
Essiv	Fall	Endung *-na / -nä*; *jouluna*
Genitiv	Wesfall	Endung *-n*: *tytön*
Genitiv-Akkusativ*	Genitiv in Objektposition	Endung *-n*; *tytön*
Genitivstamm	bleibt übrig, wenn Genitivendung abgetrennt ist	*tyttö; tytö-n > tytö*
III. Infinitv	Form zwischen Verb und Substantiv *Tulen syömästä.*	*Olen syömässä. Menen syömään.*
Illativ	innerer Wohin-Fall	Vokalverlängerung + *n*, *h*+Vokal+*n*, *-seen*; *laukkuun*
Inessiv	innerer Wo-Fall	Endung *-ssa / -ssä*; *laukussa*
Infinitiv	Grundform des Verbs	*puhu-a, syö-dä, ol-la, tava-ta*
Nomen	Oberbegriff für Haupt-wort, Eigenschaftswort, Zahlwort	*tyttö, kiva, kaksi*
Nominativ	Werfall	Einz. keine Endung: *tyttö* Mehrz. Endung *-t*: *tytöt*
Nominativ-Akkusativ*	Nominativ in Objektposition	keine Endung: *tyttö*
Objekt	Satzglied, ergänzt die Aussage des Verbs. Das Objekt antwortet auf wen? oder was?	*Ostan kirjan. Tunnen sinut. Rakastan sinua.*
Partitiv	Fall mit der Grundbedeutung: »Teil vom Ganzen«	Endung *-a / -ä -ta / -tä,-tta,-ttä*; *kahvia, teetä, venettä, tyttöä*
Personalform	Verbform für einzelne Person	*olen, olet, on, olemme, olette, ovat*
Personalpronomen	persönliches Fürwort	*minä, sinä, hän, me, te, he*

Possessivsuffix	besitzanzeigende Endung	*Autoni on tuolla.*
Postposition	ein Verhältniswort, das hinter dem Hauptwort steht	*Tavataanko postin edessä?*
Präposition	Verhältniswort, das vor dem Hauptwort steht	*Tapaan hänet vielä ennen joulua.*
schwache Stufe	Form beim Stufenwechsel	*tytön; osoite; otan; esitellä*
Stamm der 1. Pers.	bleibt übrig, wenn Endung *-n* der 1. Pers. abgetrennt wird	*asun > asu, tiedän > tiedä syön > syö, tapaan > tapaa*
starke Stufe	Form beim Stufenwechsel	*tyttö, osoitteen; ottaa; esittelen*
Stufenwechsel	konsonantische Veränderungen bei best. Substantiv- und Verbformen	Typ I: *tyttö, tytön; ottaa, otan* Typ II: *osoite, osoitteen; esitellä, esittelen*
Subjekt	Satzglied, wer oder was?	*Hän on Suomessa.*
Translativ	Fall	Endung *-ksi*; *suomeksi*
Verb	Tätigkeitswort	*tietää, asua, panna, tavata*
Verbalsubstantiv	Hauptwort, durch *-minen* von einem Verb abgeleitet	*Lukeminen on hauskaa.*
Verbstamm	bleibt übrig, wenn Kennzeichen der Grundform abgetrennt wird	*asua > asu, tietää > tietä, syödä > syö, tavata > tava*
Verbtyp	Verben werden aufgrund best. gemeinsamer Merkmale zu einer Gruppe zusammengefasst	Typ 1: *puhu-a, asu-a*; Typ 2: *syö-dä, juo-da*;Typ 3: luul-la, esitel-lä; Typ 4: tava-ta, huoma-ta
verneinte Verbform	von der 1. Pers. Einz. durch Abtrennen der Endung -n gebildet, bei allen Personen gleich	ole-n > ole > en ole
Vokalharmonie	Vokale *a, o* und *u* kommen nicht im selben Wort vor wie *ä, ö* und *y*.	*tyttö - tytöllä; talo - talossa; tietää, tavata*

* vgl. Grammatik Abschnitt: 12.3.c. und 13.2.d.

Alphabetisches Wörterverzeichnis

aamu, -n, -a (11)	Morgen
aamulla (12)	am Morgen
ahaa (2)	aha, ach so
ai niin (10)	ach ja
aika (6)	ziemlich
aika, ajan, aikaa (10)	Zeit
aina (4)	immer
ajaa, ajan 1 (10)	fahren
ajatella, ajattelen 3 (12)	denken, überlegen
alla (Gen. + alla) (7)	unter
ammatiltaan	von (seinem/ihrem) Beruf
hän on ammatiltaan (3)	er/sie ist von Beruf
ammatiltani	von (meinem) Beruf
olen ammatiltani (1)	ich bin von Beruf
ammatiltasi (1)	von (deinem) Beruf
ammatti (3)	Beruf
antaa, annan 1 (9)	geben
anteeksi (2)	Entschuldigung
Anteeksi mitä? (2)	Wie bitte?
Anteeksi, että olen myöhässä. (2)	Entschuldigung, dass ich zu spät komme.
appelsiineja (Gr)	Apfelsinen
appelsiini, -n, -a (6)	Apfelsine
apteekki (1)	Apotheke
apu, avun, apua Apua! (11)	Hilfe Hilfe!
asema, -n, -a (9)	Bahnhof
asianajaja, -n, -a (9)	Rechtsanwalt, -anwältin
asua, asun 1 (4)	wohnen
asuinpaikka (3)	Wohnort
asun (1)	ich wohne
asut (1)	du wohnst
asutaan, me asutaan (7)	wir wohnen (umgangsspr.)
asuu (3)	er/sie wohnt
aurinko, auringon, aurinkoa (Anh)	Sonne
auto, -n, -a (6)	Auto
autoja (Gr)	Autos
autolla (10)	mit dem Auto
automekaanikko (3)	Automechaniker, -in
autonasentaja, -n, -a (9)	Automechaniker, -in
auttaa, autan 1 (+Part.) (11)	jdm. helfen
baari, -n, -a (6)	Bar
banaaneja (Gr)	Bananen
banaani (1)	Banane
banaani, -n, -a (7)	Banane
Berliini, -n, -ä (6)	Berlin
Bonnissa (3)	in Bonn
bussi (1)	Bus
bussi, -n, -a (11)	Bus
dollari, -n, -a (Gr)	Dollar
edessä (Gen. + edessä) (7)	vor; ohne Gen.: vorn
edessä, edestä, eteen (Gr)	vor
ehkä (9)	vielleicht
ei (1)	nein
ei (4)	er, sie, es nicht, nein
ei enää (10)	nicht mehr
ei kestä (2)	keine Ursache
ei kuitenkaan (9)	doch nicht
ei mitään erikoista (2)	es gibt nichts Besonderes
ei myöskään (11)	auch nicht
Ei se mitään. (2)	Das macht nichts.
eivät (5)	sie nicht, nein
eli (Anh)	oder, mit anderen Worten
elokuu, -n, -ta (Anh)	August
eläin, eläimen, eläintä (Gr)	Tier
emme (5)	wir nicht, nein
en (4)	ich nicht, nein
Englannissa (5)	in England
Englanti, Englannin, Englantia (5)	England
englanti, englantia (3)	Englisch
englantia (1)	Englisch
englantilainen (1)	englisch, Engländer, -in
ennen (+ Part.) (Gr)	vor
ensi (2)	nächste/r, -s
ensi viikolla (2)	nächste Woche
ensin (9)	zuerst
entä (1)	und (bei Fragen)
Entä (mitä) sinulle (kuuluu)? (2)	Und (wie geht's) dir?
esimerkiksi (Gr)	zum Beispiel
esitellä, esittelen 3 (Gr)	vorstellen
esittäytyminen (1)	das Sichvorstellen
espanja, espanjaa (3)	Spanisch
Espanja, -n, -a (6)	Spanien
espanjaa (1)	Spanisch
espanjalainen (3)	spanisch, Spanier, -in
Esplanadilla (1)	an der Esplanade
Espoossa (5)	in Espoo
et (4)	du nicht, nein
eteenpäin (12)	voran, weiter
Etkö sinä puhu ...? (4)	Sprichst du nicht ...?
ette (5)	ihr/Sie nicht, nein
että (2)	dass
euro, -n, -a (11)	Euro

Eurooppa, Euroopan, Eurooppaa (11)	Europa
Flensburgissa (5)	in Flensburg
flunssa, -n, -a (Gr)	Grippe
frangi, -n, -a (Gr)	Franken
glögi, -n, -ä (Anh)	Glühwein
Göteborgissa (5)	in Göteborg
halpa, halvan, halpaa (6)	billig
haluaa (3)	er/sie will
haluta, haluan 4 (10)	wollen, wünschen
Hampuri, -n, -a (6)	Hamburg
hampurilai|nen, -sen, hampurilaista (6)	Bewohner, -in von Hamburg
Hampurissa (1)	in Hamburg
Hauska tutustua! (2)	Nett, dich/Sie kennen zu lernen!
hauska, -n, -a (11)	nett, angenehm, schön
Hauskaa iltaa! (11)	Einen schönen Abend!
he (5)	sie
hei/hei hei (2)	hallo, grüß dich, tschüss
heidän (*zu:* he) (7)	ihr/sein
heidät (*zu:* he, heidän (7)	sie
heinäkuu, -n, -ta (Anh)	Juli
heitä (*zu:* he, heidän) (11)	sie
helmikuu, -n, -ta (Anh)	Februar
Helsingin Sanomat, Sanomien, Sanomia (11)	Helsingin Sanomat (finn. Tageszeitung)
Helsingissä (3)	in Helsinki
Helsinki, Helsingin, Helsinkiä (7)	Helsinki
helsinkiläi|nen, -sen, helsinkiläistä (6)	Bewohner, -in von Helsinki
henkilötiedot (3)	Personalien
herra, -n, -a (9)	Herr
hetki|nen, -sen, hetkistä (6)	Moment
historia, -n, -a (10)	Geschichte
hotelli (1)	Hotel
hotelli, -n, -a (7)	Hotel
hotellissa (1)	im Hotel
huhtikuu, -n, -ta (Anh)	April
huoltoasema, -n, -a (9)	Tankstelle
huomata, huomaan 4 (Gr)	merken
huomenna (7)	morgen
Huomenta huomenta! (2)	Morgen!
huone, huoneen, huonetta (11)	Zimmer
huono, -n, -a (6)	schlecht
hyi (Gr)	pfui
hylly, -n, -ä (11)	Regal

hypätä, hyppään 4 (Gr)	springen
hyvin (4)	gut
Kuka puhuu hyvin espanjaa? (4)	Wer spricht gut Spanisch?
hyvin (4)	sehr
hyvin vähän (4)	sehr wenig
hyvä, -n, -ä (4)	gut
Hyvää matkaa! (12)	Gute Reise!
(hyvää) huomenta (2)	guten Morgen
(hyvää) iltaa (2)	guten Abend
(hyvää) päivää (1)	guten Tag
hyvää yötä (2)	gute Nacht
häiritä, häiritsen 5 (Gr)	stören
häiritsemi|nen, -sen, häiritsemistä (Gr)	das Stören
hän (3)	er/sie
hänelle (*zu:* hän, hänen, häntä) (10)	ihr/ihm
hänen (*zu:* hän) (7)	ihr/sein
hänen nimensä = hänen nimi (12)	ihr/sein Name
hänen täytyy (10) (Gen. + täytyy)	er/sie muss
hänet (*zu:* hän, hänen) (7)	ihn/sie
häntä (*zu:* hän, hänen) (11)	er, sie
hävitä, häviän 4 (Gr)	verschwinden, verloren gehen
idea, -n, -a (10)	Idee
ihan (10)	ganz
ihan hyvää kiitos (2)	ganz gut, danke
ihana, -n, -a (12)	herrlich
ihmi|nen, -sen, ihmistä (11)	Mensch
ikkuna, -n, -a (11)	Fenster
ikävä, -n, -ä (6)	trist, langweilig
ilma, -n, -a (Anh)	Wetter, Luft
ilman (+ Part.) (Gr)	ohne
ilta, illan, iltaa (11)	Abend
iltaa (2)	(guten) Abend
insinööri (3)	Ingenieur
Irlanti, Irlannin, Irlantia (6)	Irland
Islanti, Islannin, Islantia (6)	Island
iso, -n, -a (6)	groß
istua, istun 1 (8)	sitzen
italia, -n, -a (5)	Italienisch
Italia, -n, -a (6)	Italien
itse (10)	selbst
itsellesi (2)	dir selbst

itsenäisyyspäivä, -n, -ä (Gr)	Unabhängigkeitstag	järvi, järven, järveä (11)	See
Itävalta, Itävallan, Itävaltaa (6)	Österreich	kaakao, -n, -ta (Übers.)	Kakao
ja (1)	und	kadota, katoan 4 (Gr)	verschwinden
ja niin edelleen (jne.) (9)	und so weiter	kahdeksan, kahdeksan, kahdeksaa (7)	acht
jalka, jalan, jalkaa	Fuß	kahvi, -n, -a (10)	Kaffee
jalan (10)	zu Fuß	kahvila, -n, -a (12)	Café
jano, janon, janoa (Gr)	Durst	kahvilla; olla kahvilla (10)	beim Kaffeetrinken sein
japanilai|nen, -sen, japanilaista (4)	japanisch, Japaner, -in	kaikille (zu: kaikki) (Anh)	an alle
jo (10)	schon	kaikki (7)	alle
Joensuu, -n, -ta (9)	Joensuu (Stadt in Finnl.)	kaksi (1)	zwei
joka (12)	der, die, das (Rel.pron.)	kaksi päivää (10)	zwei Tage
joka päivä (11)	jeden Tag	kaksi, kahden, kahta (7)	zwei
jos (9)	falls, wenn	kallis, kalliin, kallista (6)	teuer, kostbar
jossakin (10)	irgendwo	kalveta, kalpenen 6 (Gr)	blass werden
jotakin (11)	irgendetwas	kamera, -n, -a (6)	Kamera
joulu, -n, -a (Gr)	Weihnachten	kampa, kamman, kampaa (6)	Kamm
joulu|aatto, -aaton, -aattoa (Anh)	Heiligabend	kannu, -n, -a (11)	Kanne
jouluna (Anh)	zu Weihnachten	kansallisuus (3)	Nationalität, Staatsangehörigkeit
joulu|kirkko, -kirkon, -kirkkoa (Anh)	Weihnachtsgottesdienst	kanssa (Gen. + kanssa) (12)	mit
joulukuu, -n, -ta (Anh)	Dezember	kappale, kappaleen, kappaletta (11)	Lektion, Stück
joulu|kuusi, -kuusen, -kuusta (Anh)	Weihnachtsbaum	kartta (1)	Landkarte
joululauluja (zu:	Weihnachtslieder	kartta, kartan, karttaa (6)	Landkarte
joululaulu, -n, -a) (Anh)	(Mehrz. unbest. Form)	karttoja (Gr)	(Land)karten
joulu|pukki, -pukin, -pukkia (Anh)	Weihnachtsmann	kassi, -n, -a (7)	Tasche
joulupuuro, -n, -a (Anh)	Weihnachtsbrei (Milch-reis)	kassissa (8)	in der Tasche
		katu, kadun, katua (7)	Straße
joulupäivä, -n, -ä (Anh)	Weihnachtstag	kaunis, kauniin, kaunista (6)	schön
joulu|ruokia (zu:	Weihnachtsgerichte	kauppa, kaupan, kauppaa (6)	Geschäft, Laden
joulu|ruoka, -ruoan, -ruokaa (Anh)	(Mehrz. unbest. Form)	kauppahalli, -n, -a (6)	Markthalle
		(kauppa)tori, -n, -a (7)	Markt(platz)
joulu|torttuja (zu:	Weihnachtsgebäck	kaupungintalo, -n, -a (6)	Rathaus
joulu|torttu, -tortun, -torttua) (Anh)	(Blätterteig) (Mehrz. unbest. Form)	kaupunki, kaupungin, kaupunkia (6)	Stadt
juhannus, juhannuksen, juhannusta (Gr)	Mittsommerfest	keitä (5)	wer (Mehrz. unbest. Form)
juna, -n, -a (10)	Zug	kello viisi (7)	um fünf
junalla (10)	mit dem Zug, mit der Bahn	kello, -n, -a (6)	Uhr
juoda, juon 2 (11)	trinken	keltai|nen, -sen, keltaista (8)	gelb
juuri (9)	gerade		
juusto, -n, -a (11)	Käse	kenelle (zu: kuka, kenen, ketä) (10)	wem, an wen
juustolauta|nen, -sen, juustolautasta (11)	Käsebrett, Käseteller	Kenelle annat ...? (10)	Wem gibst du ...?
jänis, jäniksen, jänistä (Gr)	Hase	Kenelle kirjoitat? (10)	Wem schreibst du?
		Kenelle soitat? (10)	Wen rufst du an?

Wörterverzeichnis

kenellä on? (10)	wer hat?
kenen (*zu:* kuka) (7)	wessen
Kenen luona käyt? (10)	Wen besuchst du?
Kenen tämä on? (7)	Wessen ist dies? Wem gehört dies?
Kenen täytyy ...? (10)	Wer muss ...?
Kenen vuoro nyt on? (7)	Wer ist jetzt dran?
Kenestä ... ? (*zu:* kuka, kenen, ketä) (10)	Wer ist der Meinung, wer findet ...?
Kenestä pidät? (10)	Wen magst du?
Kenestä tykkäät? (10)	Wen magst du?
Kenestä tämä sanakirja on hyvä? (10)	Wer ist der Meinung, dass dieses Wörterbuch gut ist?
kenet (*zu:* kuka, kenen) (7)	wen
Kenet tapaat? (7)	Wen triffst du?
kerrata, kertaan 4 (Gr)	wiederholen
Kerro terveisiä! (10)	Bestell Grüße!
Kerron. (10)	Richte ich aus.
kertoa, kerron 1 (10)	erzählen
keskellä (Gen. + keskellä) (Gr)	inmitten
keski|viikko, -viikon, -viikkoa (8)	Mittwoch
keskusta, -n, -a (10)	Zentrum
kesä, -n, -ä (Anh)	Sommer
kesäkuu, -n, -ta (Anh)	Juni
kesällä (10)	im Sommer
ketä (*zu:* kuka, kenen) (11)	wer
Ketä sinä autat? (11)	Wem hilfst du?
Ketä sinä odotat? (11)	Auf wen wartest du?
Ketä sinä rakastat? (11)	Wen liebst du?
kevät, kevään, kevättä (Anh)	Frühling
kielet (3)	die Sprachen
kieliä (*zu:* kieli, kielen, kieltä) (11)	Sprachen (Mehrz. unbest. Form)
kieltä (*zu:* kieli, kielen, kieltä) (8)	Sprache
mitä kieltä?	welche Sprache?
kiinnostunut (10)	interessiert
olla kiinnostunut (+sta/stä)	an etw. interessiert sein
kiire, kiireen, kiirettä (10)	Eile
kiitos (1)	danke
Kiitos avusta! (11)	Danke für die Hilfe!
kiitos hyvää (2)	danke, gut
kiitos samoin (11)	danke gleichfalls
kiittää, kiitän 1 (+ Part.) (Gr)	jdm. danken
kinkku, kinkun, kinkkua (Anh)	Schinken
kippis (1)	prost
kirja, -n, -a (7)	Buch
kirja|kauppa, -kaupan, -kauppaa (6)	Buchhandlung
kirjakaupassa (7)	im Buchladen
kirjasto, -n, -a (6)	Bibliothek
kirjastossa (7)	in der Bibliothek
kirje, kirjeen, kirjettä (10)	Brief
kirjeitä (Gr)	Briefe
kirjoittaa, kirjoitan 1 (10) (+ lle)	jemandem schreiben
kirjoja (Gr)	Bücher
kirkko, kirkon, kirkkoa (6)	Kirche
kissa, -n, -a (11)	Katze
kiva, -n, -a (4)	nett, toll
-ko/-kö? (4)	angehängte Fragepartikel:
oletko sinä? (4)	bist du?
koira, -n, -a (7)	Hund
kolme (1)	drei
kolme, -n, -a (7)	drei
korjaamo, -n, -a (9)	Reparaturwerkstatt
kortti, kortin, korttia (10)	Postkarte
korva, -n, -a (Gr)	Ohr
kotiin (9)	nach Hause
kotoa (10)	von zu Hause
kotoisin (9)	gebürtig
olla kotoisin (9)	stammen, herkommen
kotona (4)	zu Hause
koulu, -n, -a (9)	Schule
kovasti (Anh)	stark, kräftig
kruunu, -n, -a (Gr)	Krone
kuinka paljon (Gr)	wie viel
kuitenkin	doch
ei kuitenkaan (9)	doch nicht
kuka (1)	wer
kukka, kukan, kukkaa (6)	Blume
kukka|kauppa, -kaupan, -kauppaa (9)	Blumenladen
kukkia (Gr)	Blumen
kulkea, kuljen 1 (Gr)	gehen
kun (10)	wenn
kuopiolai|nen, -sen, kuopiolaista (5)	Bewohner, -in von Kuopio
Kuopiossa (1)	in Kuopio
Kuopiosta (1)	aus Kuopio
kuppi, kupin, kuppia (11)	Tasse
kuu|kausi, -kauden, -kautta (Anh)	Monat

kuuma, -n, -a (11)	heiß
kuume, kuumeen, kuumetta (Gr)	Fieber
kuusi, kuuden, kuutta (7)	sechs
kuusipuu, -n, -ta (Anh)	Tannenbaum
kuva, -n, -a (9)	Bild
kyllä (4)	ja, doch
kylmä, -n, -ä (11)	kalt
kylpeä, kylven 1 (Gr)	baden
kylpy, kylvyn, kylpyä (Gr)	Bad
kymmenen, kymmenen, kymmentä (7)	zehn
kynttilä, -n, -ä (Anh)	Kerze
kynä, -n, -ä (6)	Stift
kysymys, kysymyksen, kysymystä (Gr)	Frage
kysyä, kysyn 1 (+ Abl.) (12)	jdn. fragen
kännykkä, kännykän, kännykkää (11)	Handy
kävellä, kävelen 3 (Gr)	spazieren, spazierengehen
käydä, käyn 2 (+ wo) (10)	gehen, besuchen; wörtl.: einen Besuch irgendwo machen
käydä, käyn 2 (10) (Gen. + luona)	jemanden besuchen
Kölnissä (8)	in Köln
Kööpenhamina, -n, -a (5)	Kopenhagen
laborantti, laborantin, laboranttia (12)	Laborant, -in
Lahdessa (7)	in Lahti
lahtelai|nen, -sen, lahtelaista (9)	Bewohner, -in von Lahti
Lahti, Lahden, Lahtea (9)	Lahti (Stadt in Finnland)
laiva, -n, -a (10)	Schiff
lamppu, lampun, lamppua (6)	Lampe
lanttu|laatikko, -laatikon, -laatikkoa (Anh)	Steckrübenauflauf
lappalai|nen, -sen, lappalaista (Gr)	Lappe, Same
lappilai|nen, -sen, lappilaista (Gr)	Bewohner Lapplands
lauantai, -n, -ta (8)	Samstag
laukku, laukun, laukkua (9)	Tasche
laulaa, laulan 1 (Anh)	singen
lehti, lehden, lehteä (11)	Zeitung
leipä, leivän, leipää (11)	Brot
lento|kenttä, -kentän, -kenttää (9)	Flughafen
lento|kone, -koneen, -konetta (10)	Flugzeug
lentokoneella	mit dem Flugzeug
lentoasema, -n, -a (9)	Flughafen
lentää, lennän 1 (9)	fliegen
Lieksassa (4)	in Lieksa (Stadt in Finnland)
liike|mies, -miehen, -miestä (11)	Geschäftsmann
-lla/-llä + olla (10)	haben
lokakuu, -n, -ta (Anh)	Oktober
loma, -n, -a (10)	Urlaub
lomalla	im Urlaub
Lontoo, -n, -ta (5)	London
Lontoossa (1)	in London
lukea, luen 1 (10)	lesen
lukemi|nen, -sen, lukemista (10)	das Lesen
lumi, lumen, lunta (Anh)	Schnee
luona (Gen. +luona) (7)	bei
luona, luota, luo(kse) (Gr)	bei
luulla, luulen 3 (7)	glauben, vermuten, meinen
luvut (*zu:* luku, luvun, lukua) (7)	die Zahlen
Lyypekki, Lyypekin, Lyypekkiä (5)	Lübeck
Lyypekissä (5)	in Lübeck
lääkäri (1)	Arzt, Ärztin
lääkäri, -n, -ä (9)	Arzt, Ärztin
lähellä (Gen. + lähellä) (7)	in der Nähe
lähteä, lähden 1 (+ wohin) (10)	irgendwohin losgehen, abfahren
lähteä, lähden 1 (+ woher) (10)	von irgendwo abfahren, losgehen
lämmin, lämpimän, lämmintä (Anh)	warm
maa, -n, -ta (6)	Land
maaliskuu, -n, -ta (Anh)	März
maanantai, -n, -ta (8)	Montag
maito, maidon, maitoa (11)	Milch
maksaa, maksan 1 (11)	kosten, bezahlen
maksa|laatikko, -laatikon, -laatikkoa (Anh)	Leberauflauf
Manfred, Manfredin, Manfredia (7)	Manfred
marraskuu, -n, -ta (Anh)	November
matka, -n, -a (9)	Reise
matkustaa, matkustan 1 (9)	reisen

Wörterverzeichnis

matkustami|nen, -sen,   das Reisen
  matkustamista (10)
Matti, Matin, Mattia (7)   Matti
matto, maton, mattoa (7)   Teppich
me (5)   wir
mehu, -n, -a (11)   Saft
mehän olemme (11)   wir sind doch
meidän (*zu:* me) (7)   unser
meidät (*zu:* me, meidän) uns
  (7)
meitä (*zu:* me, meidän)   wir
  (11)
meitä on … (11)   wir sind …
melko (5)   ziemlich
mennä, menen 3 (9)   gehen
  Mennään vaan! (11)   Ja, lass uns gehen!
menossa
  olla menossa jonnekin   gerade irgendwohin
  (10)   gehen, unterwegs sein
metro, -n, -a   Metro, U-Bahn
  metrolla (12)   mit der U-Bahn
metsä, -n -ä (9)   Wald
mielelläni (11)   gern (ich)
mielelläsi (11)   gern (du)
mielellään (*zu:* mielel- gern (er/sie)
  läni, mielelläsi) (11)
mielenkiintoi|nen, -sen,   interessant
  mielenkiintoista (6)
mies (3)   Mann
mies, miehen, miestä (7)   Mann
mihin (*zu:* mikä, minkä, in welches/welche, wohin
  mitä) (9)
Mikkeli, -n, -ä (10)   Mikkeli (Stadt in Finnl.)
miksi (10)   warum
mikä (1)   was, welcher
millai|nen, -sen,   wie, was für ein
  millaista (4)
millaisella (*zu:* millainen, auf was für einem
  -sen, millaista) (9)
millaista (*zu:* millainen, wie
  -sen) (11)
milloin (7)   wann
millä (*zu:* mikä, minkä, auf welchem, auf welcher,
  mitä) (9)   worauf
millä kadulla (9)   in welcher Straße
Minkä maan   Welchen Landes Haupt-
  pääkaupunki …? (7)   stadt …?
minkä (*zu:* mikä) (7)   von welchem, welchen
minkämaalainen (1)   welche Nationalität, aus
                           welchem Land

minkämaalaisia (5)   welche Nationalität
                           (Mehrzahl unbest. Form)
minkäväri|nen, -sen,   (in) welcher Farbe
  minkäväristä (11)
minne (9)   wohin
Minne laiva saapuu? (10)   Wo kommt das Schiff an?
minua (*zu:* minä, minun) ich
  (11)
minulla on (10)   ich habe
Minulla on kova kiire. (10) Ich bin sehr in Eile.
minulle (*zu:* minä,   mir, an mich
  minun, minua) (9)
minulta (*zu:* minä,   von mir
  minun, minua) (12)
minun (*zu:* minä) (7)   mein, meine, mein
minunhan täytyy (12)   ich muss doch
Minusta olisi kiva … (10) Ich würde gern …
minut (*zu:* minä, minun) mich
  (7)
minä (1)   ich
minä (*zu:* mikä,   an welchem
  minkä, mitä (10)
minä päivänä (10)   an welchem Tag
missä (1)   wo
missä (*zu:* mikä, minkä, in welchem, wo
  mitä) (9)
missä kaupungissa (9)   in welcher Stadt
Missä käyt? (10)   Wohin gehst du?
missä maassa (9)   in welchem Land
Missä tavataan? (7)   Wo wollen wir uns treffen?
mistä (9)   woher, aus welchem/
                           welcher
Mistä laiva lähtee? (10)   Wo fährt das Schiff ab?
Mistä olet kiinnos-   Wofür interessierst du
  tunut? (10)   dich?
Mistä pidät? (10)   Was magst du?
Mistä tykkäät? (10)   Was magst du?
miten (Übersicht)   wie
  miten monta (Übers.)   wie viele
  miten paljon (Übers.)   wie viel
mitkä (*zu:* mikä, minkä   welche (Mehrzahl von
  mitä) (8)   mikä)
mitä (1)   was
mitä kieliä (1)   welche Sprachen
mitä kieltä (8)   welche Sprache
Mitä kuuluu? (2)   Wie geht's? wörtl.: Was
                           gibt es zu hören?
Mitä sinä odotat? (11)   Worauf wartest du?
Mitä sinä rakastat? (11)   Was liebst du?
Mitä sinusta olisi kiva   Was würdest du gern tun?
  tehdä? (10)

monesko (Anh)	der Wievielte
monet (8)	viele, manche
moni, monen, monta (8)	mancher
monta (*zu:* moni, monen) (11)	manche, viele
Montako teitä on? (11)	Wie viele seid ihr?
montako (11)	wie viele
Moskova, -n, -a (6)	Moskau
muistaa, muistan 1 (11)	sich erinnern
muistella, muistelen 3 (Gr)	sich erinnern, gedenken
muistuttaa, muistutan 1 (Gr)	jdm. ähneln, jdn. erinnern
mukaan (7)	mit (irgendwohin)
mukana (10)	mit, dabei
olla mukana	dabei sein, dabei haben
mukava, -n, -a (4)	nett
müncheniläi|nen, -sen, müncheniläistä (Gr)	Bewohner, -in von München
Münchenissä (3)	in München
museo, -n, -ta (6)	Museum
musiikki, musiikin, musiikkia (10)	Musik
musiikki|keskus, -keskuksen, -keskusta (9)	Musikzentrum
musta, -n, -a (10)	schwarz
mutta (4)	aber
myyjä (1)	Verkäufer, -in
myyjä, -n, -ä (9)	Verkäufer, -in
myöhässä (2)	zu spät
myöhemmin (9)	später
myös (3)	auch
Mäkisellä (7)	bei Mäkinen (am Telefon)
mökki, mökin, mökkiä (6)	Sommerhaus, Hütte
nai|nen, -sen, naista (4)	Frau, weibliche Person
nalle, -n, -a (Gr)	Teddybär
ne (*zu:* se, -n, sitä) (8)	sie (Mehrzahl von se)
neljä, -n, -ä (7)	vier
niin (6)	so
niin minullakin (12)	ja, ich auch!
niin olen (9)	ja, stimmt, (so bin ich)
niin olisi (7)	ja, stimmt, so wäre es
niin on (6)	ja, so ist es, das stimmt
niinpä onkin (9)	ach ja, da ist es ja
nimeni on (1)	ich heiße, wörtl.: mein
(= minun nimi on) (1)	Name ist
nimi (3)	Name
nimi, nimen, nimeä (4)	Name
no (8)	na
nolla, -n, -a (7)	Null
Norja, -n, -a (6)	Norwegen

norja, norjaa (3)	Norwegisch
norjalainen (3)	norwegisch, Norweger, -in
nousta, nousen 3 (Gr)	aufstehen, einsteigen, aussteigen, aufgehen
nukke, nuken, nukkea (Gr)	Puppe
nukkua, nukun 1 (11)	schlafen
Nuku hyvin! (2)	Schlaf gut!
nuo (*zu:* tuo, -n, -ta) (8)	jene (Mehrzahl von tuo)
nuori, nuoren, nuorta (4)	jung
nykyaikai|nen, -sen, nykyaikaista (6)	modern
nämä (*zu:* tämä, -n, tätä) (8)	diese (Mehrzahl von tämä)
nyt (1)	jetzt
nähdä, näen 2 (Gr)	sehen
Nähdään ensi viikolla. (2)	Bis nächste Woche, wörtl.: Wir sehen uns nächste Woche.
nälkä, nälän, nälkää (Gr)	Hunger
odottaa, odotan 1 (+ Part.) (11)	auf etw./jdn. warten
ohjelmoija (1)	Programmierer, -in
oikea, -n, -a (10)	rechte/r, -s
oikea|lla, -lta, -lle (10)	rechts, von rechts, nach rechts
oikeassa; olla oikeassa 3 (Gr)	Recht haben
oikein (4)	sehr, richtig
oikein hyvin (4)	sehr gut
oikein hyvää kiitos (2)	sehr gut, danke
ole hyvä (9)	bitte
olemme (5)	wir sind
olen (1)	ich bin
olet (1)	du bist
olet ammatiltasi (1)	du bist von Beruf
olette (5)	ihr seid, Sie sind
olisi (7)	es wäre
olla, olen 3 (4)	sein
ollaan, me ollaan (7)	wir sind (umgangsspr.)
olut, oluen, olutta (11)	Bier
olut|tuoppi, -tuopin, -tuoppia (11)	Bierkrug
oma, -n, -a (10)	eigen
on (1)	ist
onneksi (Gr)	zum Glück
onnelli|nen, -sen, onnellista (Anh)	glücklich
Onko sinulla ...? (10)	Hast du ...?
Onpa ... (11)	Das ist aber ...
opas (3)	Fremdenführer, -in

Wörterverzeichnis

opettaja (1) — Lehrer, -in
opettaja, -n, -a (9) — Lehrer, -in
opiskelemi|nen, -sen, opiskelemista (Gr) — das Studieren, Lernen
opiskella, opiskelen 3 (Gr) — studieren
oppia (3) — lernen
oppia, opin 1 (Gr) — lernen
oppikirja, -n, -a (8) — Lehrbuch
optikko (2) — Optiker
osata, osaan 4 (Gr) — können
osoite, osoitteen, osoitetta (7) — Adresse
ostaa, ostan 1 (7) — kaufen
ottaa, otan 1 (7) — nehmen
Oulu, -n, -a (9) — Oulu (Stadt in Finnland)
Oulussa (1) — in Oulu
ovat (3) — sind
ovi, oven, ovea (Gr) — Tür
paikka, paikan, paikkaa (12) — Platz, Stelle, Ort
paistaa; 3. Pers.paistaa (Anh) — scheinen
pakka|nen, -sen, pakkasta (Anh) — Frost, unter Null
paljon (10) — viel
  Kello on jo paljon! (11) — Es ist schon spät!
paljonko (Gr) — wie viel
pane! (9) — lege!
pankinjohtaja, -n, -a (9) — Bankdirektor, -in
pankki (1) — Bank (Geldinstitut)
pankki, pankin, pankkia (6) — Bank (Geldinstitut)
pankkivirkailija, -n, -a (9) — Bankangestellte, -r
panna, panen 3 (9) — (hinein-)legen, stellen
paremmin (12) — besser
pari, parin, paria (Gr) — Paar, paar
Pariisi, -n, -a (6) — Paris
Pariisissa (1) — in Paris
parkki|paikka, -paikan, -paikkaa (7) — Parkplatz
Pekan (3) — Pekkas, von Pekka
Pekka, Pekan, Pekkaa (7) — Pekka
perjantai, -n, -ta (8) — Freitag
perjantaina (10) — am Freitag
peruna, perunan, perunaa (Gr) — Kartoffel
perunoita (Gr) — Kartoffeln
pieni, pienen, pientä (6) — klein
piirakka, piirakan, piirakkaa (Gr) — Pirogge
piirakoita (Gr) — Piroggen

pikkujoulu, -n, -a (Anh) — vorweihnachtliches Fest, Weihnachtsfeier
pilvi|nen, -sen, pilvistä (Anh) — bewölkt
Pinnebergissä (1) — in Pinneberg
piparkakkuja (zu: pipar|kakku, -kakun, -kakkua) (Anh) — Pfefferkuchen, (Mehrz. unbest. Form)
pitkä, -n, -ä (Gr) — lang
pitää, pidän 1 (+ sta/stä) (10) — etw. mögen
pitää, pitää 1 (nur 3. Pers.; Gen. + pitää b. allen Pers.) (Gr) — müssen, sollen
poika, pojan, poikaa (4) — Junge
poissa (4) — weg
poliisi (3) — Polizist, -in; Polizei
poliisi, -n, -a (9) — Polizist, -in, Polizei
poliisiasema, -n, -a (6) — Polizeiwache
politiikka, politiikan, politiikkaa (10) — Politik
porkkana|laatikko, -laatikon, -laatikkoa (Anh) — Mohrrübenauflauf
Portugali, -n, -a (6) — Portugal
Porvoo, -n, -ta (9) — Porvoo (Stadt in Finnl.)
posti (1) — Post
posti, -n, -a (6) — Post
posti|merkki, -merkin, -merkkiä (10) — Briefmarke
puhelimessa (7) — am Telefon, am Apparat
puhelin, puhelimen, puhelinta (7) — Telefon
puhelinnumero, -n, -a (7) — Telefonnummer
puhua, puhun 1 (4) — sprechen
puhua, puhun 1 (+ sta/stä) (Gr) — von oder über etw. sprechen
puhun (1) — ich spreche
puhut (1) — du sprichst
puhuu (3) — er/sie spricht
Puijon|sarvi, -sarven, -sarvea (12) — Name eines Restaurants
Puisto|katu, -kadun, -katua (9) — Puistokatu (Straßenname)
pulla, -n, -a (Anh) — Hefegepäck
punai|nen, -sen, punaista (8) — rot
puola, -n, -a (5) — Polnisch
Puola, -n, -a (6) — Polen
puoli, puolen, puolta (Gr) — halb
purra, puren 3 (Gr) — beißen

puu, -n, -ta (11)	Baum, Holz
pysäkki, pysäkin, pysäkkiä (9)	Haltestelle
pyörä, -n, -ä	Fahrrad
pyörällä (10)	mit dem Fahrrad
pää|kaupunki, -kaupungin, -kaupunkia (7)	Hauptstadt
pääsiäi|nen, -sen, pääsiäistä (Gr)	Ostern
päällä, päältä, päälle (Gr)	oben drauf, auf
päästä, pääsen 3 (11)	kommen, gelangen
päivä, -n, -ä (Anh)	Tag
päivää (2)	(guten) Tag
pöydällä (8)	auf dem Tisch
pöytä, pöydän, pöytää (6)	Tisch
radio, -n, -ta (11)	Radio
raha, rahan, rahaa (11)	Geld
rakas, rakkaan, rakasta (Gr)	lieb
rakastaa, rakastan 1 (+ Part.) (11)	jdn., etw. lieben
rakennus, rakennuksen, rakennusta (6)	Gebäude
Ranska, -n, -a (4)	Frankreich
ranska, ranskaa (3)	Französisch
ranskaa (1)	Französisch
ranskalainen (1)	französisch, Franzose, Französin
ranskan kurssi, -n, -a (10)	Französischkurs
(rautatie)asema, -n, -a (6)	Bahnhof
ravintola, -n, -a (10)	Restaurant
riihimäkeläi|nen, -sen, riihimäkeläistä (Gr)	Bewohner, -in von Riihimäki
Rooma, -n, -a (6)	Rom
rouva, -n, -a (4)	Dame, Frau
ruma, -n, -a (6)	hässlich
ruotsalainen (1)	schwedisch, Schwede, -in
ruotsalaisia (5)	Schweden (Mehrzahl unbest. Form)
Ruotsi, -n, -a (5)	Schweden
ruotsi, ruotsia (3)	Schwedisch
ruotsia (1)	Schwedisch
Ruotsissa (5)	in Schweden
ruusu, -n, -a (11)	Rose
ruveta, rupean 4 (Gr)	anfangen
saada, saan 2 (8)	dürfen, bekommen
Saako olla kahvia? (11)	Darf es Kaffee sein? Möchten Sie Kaffee?
Saanko esitellä? (2)	Darf ich vorstellen?
saapua, saavun 1 (+ wohin) (10)	irgendwo ankommen
saari, saaren, saarta (11)	Insel
sairaala, -n, -a (6)	Krankenhaus
sairaanhoitaja (1)	Krankenschwester, -pfleger
sairaanhoitaja, -n, -a (9)	Krankenschwester, -pfleger
Saksa, -n, -a (5)	Deutschland
saksa, saksaa (3)	Deutsch
saksaa (1)	Deutsch
saksaksi (2)	auf deutsch
saksalai|nen, -sen, saksalaista (7)	deutsch, Deutsche/r
saksalainen (1)	deutsch, Deutsche/r
saksalaisia (5)	Deutsche (Mehrzahl unbest. Form)
Saksassa (5)	in Deutschland
saksilai|nen, -sen, saksilaista (Gr)	Sachse
sanakirja, -n, -a (6)	Wörterbuch
sanoa, sanon 1 (4)	sagen
sanontoja (2)	Redewendungen
sataa 1; 3. Pers. sataa (Anh)	regnen; es regnet
sataa lunta (Anh)	es schneit
satama, -n, -a (9)	Hafen
sauna (1)	Sauna
sauna, -n, -a (9)	Sauna
se (1)	es, der, die, das
Sehän kiva. (7)	Das ist ja schön.
seisoa, seison 1 (Gr)	stehen
seitsemän, seitsemän, seitsemää (7)	sieben
selvitä, selviän 4 (Gr)	zurechtkommen
selvä, -n, -ä (7)	klar, deutlich
Selvä!	O.k.! Klar! In Ordnung!
sen (zu: se, sen, sitä) (7)	sein/ihr (bei Sachen, Tieren)
sentti, sentin, senttiä (11)	Cent, Zentimeter
seura, -n, -a (Gr)	Gesellschaft, Verein
siellä (11)	da, dort
sieltä (9)	von da
sihteeri, -n, -ä (4)	Sekretär, -in
siihen (Gr)	dahin
siinä (11)	darin
siinä (6)	da, an der Stelle
siis (1)	also
siitä (Gr)	von da, davon, daraus
sini|nen, -sen, sinistä (11)	blau
sinne (10)	dorthin, dahin
sinua (zu: sinä, sinun) (11)	du

sinulle (*zu:* sinä, sinun sinua) (12)	dir, für dich, an dich
sinun *zu:* sinä (4)	dein, deine, dein
sinusta (*zu:* sinä, sinun, sinua) (10)	für dich, deiner Meinung nach
sinut (*zu:* sinä, sinun) (7)	dich
sinä (1)	du
sisu, -n, -a (12)	Ausdauer, Energie
sisulla	mit Ausdauer
sitten (7)	dann
sivu, -n, -a (Gr)	Seite
soitella, soittelen 3 (10)	anrufen
Soitellaan! (10)	Lass uns telefonieren!
soittaa, soitan 1 (+ lle) (10)	jdn. anrufen
sokeri, -n, -a (12)	Zucker
Sokos, Sokoksen, Sokosta (6)	finnisches Warenhaus
stadelai|nen, -sen, stadelaista (6)	Bewohner, -in von Stade
Stadessa (4)	in Stade
suklaa, -n, -ta (10)	Schokolade
sunnuntai, -n, -ta (8)	Sonntag
suomalai|nen, -sen, suomalaista (7)	finnisch, Finne, -in
suomalainen (1)	finnisch, Finne, -in
suomalaisia (5)	Finnen (Mehrzahl unbest. Form)
suomalais-saksalai|nen, -sen, -saksalaista (12)	finnisch-deutsche/r, -s
suomea (1)	Finnisch
suomeksi (1)	auf Finnisch
suomen kurssilla (4)	im Finnischkurs
Suomessa (5)	in Finnland
suomi, suomea (3)	Finnisch
Suomi, Suomen, Suomea (4)	Finnland
supermarket, -in, -ia (6)	Supermarkt
suuri, suuren, suurta (7)	groß
Sveitsi, -n, -ä (6)	Schweiz
sveitsiläi|nen, -sen, sveitsiläistä (7)	schweizerisch, Schweizer, -in
syksy, -n, -ä (Anh)	Herbst
syyskuu, -n, -ta (Anh)	September
syödä, syön 2 (10)	essen
Syömään! (Gr)	Komm/Kommt zum Essen!
syömässä, syömästä, syömään (10)	beim/vom/zum Essen
syömi|nen, -sen, syömistä (Gr)	das Essen
särkeä, särjen 1 (Gr)	zerschlagen, kaputtmachen
sää, -n, -tä (Anh)	Wetter
taas (9)	wieder
tai (10)	oder
takaisin (9)	zurück
takana (Gen. + takana) (7)	hinter; ohne Gen.: hinten
takki, takin, takkia (Gr)	Mantel, Jacke
taksi, -n, -a (10)	Taxi
taksilla (10)	mit dem Taxi
talo, -n, -a (6)	Haus
taloja (Gr)	Häuser
talvi, talven, talvea (Anh)	Winter
tammikuu, -n, -ta (Anh)	Januar
Tampere, Tampereen, Tamperetta (9)	Tampere (Stadt i. Finnl.)
Tampereella (3)	in Tampere
tamperelai|nen, -sen, tamperelaista (9)	Bewohner, -in v. Tampere
Tanska, -n, -a (5)	Dänemark
tanska, tanskaa (3)	Dänisch
tanskalainen (3)	dänisch, Däne, -in
Tanskassa (5)	in Dänemark
tanssia, tanssin 1 (10)	tanzen
tanssimassa, tanssimasta, tanssimaan (10)	beim/vom/zum Tanzen
tapaami|nen, -sen, tapaamista (Gr)	das Treffen
Tapaninpäivä, -n, -ä (Anh)	Stephanstag, 2. Weihnachtstag
tarpeeksi (11)	genug
tarvita, tarvitsen 5 (Gr)	brauchen, benötigen
tavallisesti (4)	gewöhnlich
tavaratalo, -n, -a (6)	Warenhaus
tavata, tapaan 4 (7)	(sich) treffen
Tavataan! (7)	Lass uns treffen! Wir treffen uns!
Tavataanko ...? (7)	Wollen wir uns ... treffen?
tavattavissa	
olla tavattavissa (10)	anzutreffen sein, zu sprechen sein
te (5)	ihr
Te (5)	Sie (Höflichkeitsform)
teatteri (1)	Theater
teatteri, -n, -a (6)	Theater
tee, -n, -tä (10)	Tee
tehdä, teen 2 (10)	tun, machen
teidän/Teidän (*zu:* te) (7)	euer/Ihr
teidät/Teidät (*zu:* te, teidän) (7)	euch, Sie
teille (*zu:* te, teidän, teitä) (Anh)	euch/Ihnen

teitä (*zu:* te, teidän) (11)	ihr, Sie
tekemässä (*zu:* tehdä, teen 2); olla tekemässä	gerade machen
Mitä olet tekemässä? (11)	Was machst du gerade?
televisio, -n, -ta (6)	Fernsehen
terve (2)	hallo, grüß dich, tschüss
terveelli|nen, -sen, terveellistä (11)	gesund (für)
tervehdyksiä (2)	Grußformeln
tervehtiminen (2)	das Begrüßen
terveisiä (10)	Grüße (Mehrz. unbest. Form)
terveys|keskus, -keskuksen, -keskusta (6)	Gesundheitszentrum
tie, -n, -tä (9)	Weg
tietenkin (9)	natürlich
tietysti (4)	natürlich
tietää, tiedän 1 (4)	wissen
tiistai, -n, -ta (8)	Dienstag
tiukka, tiukan, tiukkaa (Gr)	eng
toi|nen, -sen, toista (8)	der andere; der zweite
toimisto, -n, -a (9)	Büro
toivottaa, toivotan 1 (Anh)	wünschen
tonttuja (*zu:* tonttu, tontun, tonttua) (Anh)	Wichtel (Mehrz. unbest. Form)
tori, -n, -a	Markt(platz)
torstai, -n, -ta (8)	Donnerstag
toukokuu, -n, -ta (Anh)	Mai
Tukholmassa (1)	in Stockholm
tulla, tulen 3 (9)	kommen
tulossa olla tulossa jostakin (10)	(gerade) irgendwoher kommen
tuntea, tunnen 1 (7)	kennen
tuo (3)	jener, jene, jenes
tuo, tuon, tuota (7)	jenes
tuohon (*zu:* tuo, -n, -ta) (9)	in jenes/jene; dorthin
tuoli, -n, -a (9)	Stuhl
tuolla (4)	dort
tuolla (*zu:* tuo, -n, -ta) (9)	auf jenem/jener
tuolta (Gr)	von dort
tuomio|kirkko, -kirkon, -kirkkoa (6)	Domkirche
tuonne (Gr)	dorthin
tuossa (5)	dort, an jener Stelle
tuossa (*zu:* tuo, -n, -ta) (9)	in jenem/jener
tuosta (Gr)	von dort, davon
tutustua, tutustun 1 (+ Illativ) (12)	kennen lernen
tuulla 3; 3. Pers. tuulee (Anh)	wehen; es weht
tykätä, tykkään 4 (+ sta/stä) (10)	etw. mögen, gern haben
tylsä, -n, -ä (6)	langweilig, uninteressant
tyttö, tytön, tyttöä (4)	Mädchen
työ, -n, -tä (9)	Arbeit
työssä (*zu:* työ, -n, -tä) (4)	bei der Arbeit
olla työssä (9)	arbeiten; wörtlich: bei der Arbeit sein
tähän (*zu:* tämä, -n, tätä) (9)	in diese/s; hierher
tämä (3)	dieser, diese, dieses
tämä, -n, tätä (7)	dieser, diese, dieses
tänne (Gr)	hierher
tänään (8)	heute
tässä (*zu:* tämä, -n, tätä) (9)	in diesem/dieser, hier
tässä kuvasssa (9)	auf/in diesem Bild
tässä on (2)	das ist, hier ist
tästä	von hier, hiervon, hieraus
täytyä (Anh)	müssen
täytyy (3. Pers. zu täytyä; Gen. + täytyy bei allen Personen) (10)	müssen
täällä (4)	hier
täältä (Gr)	von hier
uida, uin 2 (10)	schwimmen
uimassa, uimasta, uimaan (10)	beim/vom/zum Schwimmen
ulkoa (Gr)	von draußen
ulkona (4)	draußen
ulos (9)	hinaus, heraus
unkari, -n, -a (4)	Ungarisch
Unkari, -n, -a (6)	Ungarn
urheilu, -n, -a (10)	Sport
usein (4)	oft
uusi, uuden, uutta (6)	neu
vaan (9)	sondern
vai (10)	oder
vaikka (12)	zum Beispiel, obgleich
vain (4)	nur
vainaja, -n, -a (Gr)	Verstorbener
valita, valitsen 5 (Gr)	wählen
valitettavasti (4)	leider
valkoi|nen, -sen, valkoista (11)	weiß
vanha, -n, -a (4)	alt
vanhanaikai|nen, -sen, vanhanaikaista (6)	altmodisch
vanheta, vanhenen 6 (Gr)	älter werden

Wörterverzeichnis

vappu, vapun, vappua (Gr) 1. Mai

Varkaus, Varkauden, Varkautta (10) — Varkaus (Stadt in Finnl.)

Varsova, -n, -a (6) — Warschau

vasemma|lla, -lta, -lle (10) — links, von links, nach links

vasen, vasemman, vasenta (10) — linke/r, -s

vastapäätä (+ Part.) (Gr) — gegenüber

vene, veneen, venettä (6) — Boot

venäjä, -n, -ä (4) — Russisch

Venäjä, -n, -ä (6) — Russland

Venäjällä (9) — in Russland

venäläi|nen, -sen, venäläistä (Gr) — Russe, Russin

vielä (7) — noch

vieressä (Gen.+vieressä) (Gr) — neben

viettää, vietän 1 (Anh) — feiern, verbringen

viikko, viikon, viikkoa (2) — Woche

ensi viikolla — nächste Woche

viikonpäivä, -n, -ä (8) — Wochentag

viileä, -n, -ä (Anh) — kühl

viini, -n, -ä (11) — Wein

viinilasi, -n, -a (11) — Weinglas

viinipullo, -n, -a (11) — Weinflasche

viisi, viiden, viittä (7) — fünf

virkailija (1) — Angestellte/r

virkailija, -n, -a (11) — Angestellte/r

voi, -n, voita (11) — Butter

voiastia, -n, -a (11) — Butterdose

voida, voin 2 (6) — können

voisimme (10) (zu: voida, voin 2) (10) — wir könnten

voisitte (zu: voida, voin 2) (12) — ihr könntet

voitko? (zu: voida, voin 2) (Gr) — kannst du?

Voitteko sanoa ...? (6) — Können Sie mir sagen ...?

Volksdorfissa (1) — in Volksdorf (Stadtteil von Hamburg)

vuoden|aika, -ajan, -aikaa (Anh) — Jahreszeit

vuokrata, vuokraan 4 (11) — mieten

vuoro, -n, -a — Reihe, Reihenfolge, Schicht

Kenen vuoro nyt on? (7) — Wer ist jetzt dran?

vuosi, vuoden, vuotta (Anh) — Jahr

vähän (1) — ein wenig, etwas

välissä (Gen. + välissä) (Gr) — zwischen

yhdeksän, yhdeksän, yhdeksää (7) — neun

yhdessä (10) — zusammen

yksi (1) — eins

yksi, yhden, yhtä (7) — eins

ylihuomenna — übermorgen

ymmärtää, ymmärrän 1 (4) — verstehen

ystävä, -n, -ä (8) — Freund, Freundin

ystävälli|nen, -sen, ystävällistä (12) — freundlich

yö, -n, -tä (11) — Nacht

älä! (Gr) — Verneinung b. Befehlsform

ääressä (Gen. + ääressä) (Gr) — an

öitä (zu: yö, -n, -tä) (Gr) — Nächte